U0147811

中國風俗史

序例
PREFACE

　　風俗烏乎始，始於未有人類以前。蓋犿榛社會，蚩蚩動物，已自成為風俗。至有人類，則漸有群，而其群之多數人之性情、嗜好、言語、習慣常以累月經年，不知不覺，相演相嬗，成為一種之風俗。而入其風俗者，遂不免為所薰染，而難超出其限界之外。《記》曰：禮從宜，事從俗。謂如是則便，非是則不便也。聖人治天下，立法制禮，必因風俗之所宜。故中國之成文法，不外戶役、婚姻、廄牧、倉庫、市廛、關津、田宅、錢債、犯奸、盜賊等事，而慣習法居其大半。若吉凶之禮，則嘗因其情而為之節文。無他，期於便民而已。雖然，風俗出於民情，則不能無所偏。應劭《風俗通》序曰：風者，天氣有寒暖，地形有險易，水泉有美惡，草木有剛柔也。俗者，含血之類，像之而生。故言語歌謠異聲，鼓舞動作殊形，或直或邪，或善或淫也。《爾雅·釋地》曰：大平之人仁，丹穴之人智，大蒙之人信，空桐之人武。《魯語》曰：沃土之民不材，瘠土之民向義，其不齊也若此。非有以均齊而改良之，則常為社會發達上之大障礙。而欲使風俗之均齊改良，絕不能不先考察其異同，而考察風俗之觀念以起。觀念起而方法生，於是或徵之於言語，或徵之於文字，或徵之於歷史地理，或徵之於詩歌音樂等。窮年累月，隨時隨地，以芟集風俗上之故

實，然後得其邪正強弱文野之故，而徐施其均齊改良之法。《禮·王制》：天子巡狩，至於岱宗。觀諸侯，見百年，命太師陳詩，以觀民風俗。周秦常以歲八月遣輶軒之使，求異代方言，還奏籍之，藏於秘室。《詩》三百篇，言風俗最詳，大半皆輶軒之改採也。蓋已視風俗之考察，為政治上必要之端矣。而後世稗官野乘，及一切私家著述，亦於此三致意焉。亮采夙有改良風俗之志，未得猝遂，乃以考察為之權輿。又以為欲鏡今俗，不可不先述古俗也。自慚荒陋，搜討頻年，東鱗西爪，雜碎弗捐。自開闢至前明，幾千年風俗，粗具端末。雖蕪雜讕陋，不值覆瓿，然正風俗以正人心，或亦保存國粹者之所許也。故述鄙意而舉其例如下。

　前人觀察風俗，其眼光所注射，不外奢儉、勞逸、貞淫、忠孝、廉節、信實、仁讓等方面。而尤以去奢崇儉，教忠教孝，為改良風俗之先著。歷代帝王之詔令，士夫之訓戒，每兢兢於此焉。是書亦存此意，故於各章列飲食、衣服、婚娶、喪葬等條，所以覘奢儉也。列忠義、名節、風節、廉恥等條，所以勵忠節也。

　詩歌鄉評，為民情輿論之所發表。周采詩歌，漢魏六朝重鄉評，公是公非，無所假借，此風俗之所由厚也。後世此意漸失，天子不採風，而民間亦無復存三代之直道。且見東漢黨錮，成於標榜，輒引為清議之戒。不肖官紳，復以裁抑輿論為快事。故上德不宣，而民情難以上達，書中列詩歌、鄉評、清議等條，欲據民情輿論，以知風俗之厚薄也。

　淫祀巫覡之盛，固由於民智未開，而醫藥之不講求，實為其總因。今酬神賽會，各省皆有此俗，而吳楚尤甚。然都會之地，及商業發達之區，商人借神會以聯商團，尚無足異。最可怪者，若吾萍及湖

南土俗，有病必曰神為祟，輒延巫覡救治，不問其有無效驗也。甚者求醫藥於神，冥冥何知。雜投溫補，病者服之，即因而死，不歸咎於神，但歸之於命而已。於是木瘿石溜，動號神奇，持齋者死，輒云仙去。廟宇日增，齋匪日眾，識者憂之，而當事者固置若罔聞也。故書中列淫祀、巫覡二條，以醒時俗。

風俗有為此時代所有，而為彼時代所無者，則僅著於此時代中。如周之階級制度，周末之遊說，魏晉南北朝之清談，鮮卑語門第流品，明之結社，是也。有為數時代所有，而非各時代所均有者，則僅著於數時代中。如周及魏晉南北朝之氏族，周末及漢唐之任俠刺客，是也。有為各時代所均有，而不必於各時代全列此條者，則僅著於一時代或數時代中。如周之蠱毒，周末之隱語，漢之佛道，魏晉南北朝之美術，唐之械鬥游宴、鬥雞走馬養鷹，明之勢豪拳搏，漢明之奴婢，是也。

周末學術，漢代經學，宋代理學，亦一時風俗所趨，然究屬學術史部分中。故於周末學風一條，略言其關係外，至宋代學風，則專論士習之壞焉。

言語隨時代而異，即揚子《方言》所載，今就其地求之，往往不能通曉。非已失其語，則所傳多訛。是書於各章之末，繫以言語，亦從其時代而別也。且風俗所傳，以言語為最確。如以《儀禮》「婦人俠床」為庖犧以前之遺語，即可知庖犧以前有男女雜亂之俗。日本加藤宏之曰：蒲斯門人種，以同部女子為男子所公有。故無夫婦配偶之言。婦人處子，語亦無所區別。按《儀禮・士喪禮》「婦人俠床」註：婦人謂妻妾子姓也。此亦語無區別，與蒲斯門種無殊，可斷為庖犧以前之遺語。因漢有「金不可作，世不可度」之諺，而知其俗好神仙。因六朝有「山川而能

語，葬師食無所」之諺，而知其俗信風水，是也。故書中於言語一條，蒐集獨多。

風俗有附見各條，而未別行標目者，如鴉片附於周之蠱毒條，風水附於魏晉南北朝之喪葬條，火葬附於宋之喪葬條，是也。

各章首節之概論，有以當時人論說代之者。如漢之概論，以《史記·貨殖傳》、班氏《地理志》代之。明之概論，以《歙縣志·風土論》代之，是也。

是書分四時代，自黃帝以前至周之中葉，為渾樸時代。固歷史家所公認，不待贅說。自春秋至兩漢，民情尚詐偽，行奸險，尊重勢力，不講道德，未若成周以上之渾樸，雖漢末名節之盛，不能掩也，故命為駁雜時代。自魏晉至五代，矜尚風流，奔競勢利，輕蔑禮法，不顧行檢。以文詞為事業，以科舉為生涯，忠義衰而廉恥喪，故命為浮靡時代。自宋至明，有講學諸儒，提倡實學。人知自勵，盡洗五季之陋。仁人義士，清操直節，相望於數百年間。而負社會之責任者，不可勝數也。故命為由浮靡而趨敦樸時代。

宣統二年九月既望萍鄉張亮采識於皖江之寄傲軒

目 錄
CONTENTS

第一編
渾樸時代

第一章

黃帝以前

第一節　太古人民之飲食衣服居處

《禮‧禮運》：「昔者先王未有宮室，冬則居營窟，夏則居橧巢。未有火化，食草木之實，鳥獸之肉，飲其血，茹其毛。未有麻絲，衣其羽皮。後聖有作，然後修火之利。」蓋巢穴為初民之居處。而其飲食，則由果食時代，進而為鮮食時代，再進而為艱食，則神農氏時也。火化始於燧人，民間漸脫茹毛飲血之俗矣。太古之民，被髮卉服，蔽前而不蔽後。其後辰放氏時，始知搴木茹皮以御風霜，絢髮冒首以去靈雨，號曰衣皮之民。至神農時，紡織麻枲，則皮服之俗已變而為布服。不過至黃帝時，而衣裳冠冕始備耳。

謹按：飲食為人類生存競爭之要素，故無之則爭且亂，有之則足以平爭而止亂。《禮‧禮運》謂為人之大欲。而近儒仁和龔氏，名自珍，號定庵。以能飲食民為帝者之始。諒哉言也。彼庖犧、神農、后稷皆被其飲食者所上之徽號。而堯之遊康衢，至聞耕食鑿飲之歌。又史稱赫胥氏之民，鼓腹而游，含哺而喜。無懷氏之民，甘食而樂居，懷土而重生。亦可見民間生活問題之關係不小矣。且太古國家，無君之名稱，只有酋長。酋本繹酒，《說文》引申之則以酒官為大酋。《禮‧月令》：乃命大酋。酒尊之尊上從酋。《爾雅‧釋文》引《說文》訓酒官法度，而引申之則為高為貴。《廣雅‧釋詁》：尊，高也。漢趙岐《孟子注》：尊，貴也。齊之稷下猶稱長者為祭酒。後人稱天子為至尊，是也。酒為飲食後起之事，有酒則飲食之饒足可知。故酋長亦即所以紀念其能飲食民之意耳。近世民族帝國主義發生，各國政策全注射於殖民之點。殖民云者，質言之即為民謀食也。至於講求飲食衛生，猶其後焉者耳。然則飲食不但足以覘風俗之奢儉，亦可以考世運之隆替

矣。

第二節　畜牧

　　太古之民，多取天然物以為食。禽獸亦天然物之一種也，狩獵時代，於焉仰足。然狩獵不可必得，得之亦不勝勞苦。且今日得之，今日食之，明日苟不從事狩獵，則不得食也。於是積多少之經驗，始知牛羊犬馬雞豕等類，易為我所生得者之易於馴服，家畜之始，必先將所生得者圈之於家，食之有餘則供玩具，以此漸得考察其性質。英人甄克思謂豢擾之事，始於擇禽以為玩好，至飢不可忍，則殺而饗之，由是知畜牲可以御飢。遂定為家畜之種，常畜之於家。遇狩獵不足之時，取而用之。然後禽獸始為我所常有。種類孳息，不待狩獵而饒足，是為游牧時代。此時代殆始於庖犧氏時，繹庖犧之名義，而知庖犧固教民畜牧者也。

第三節　農耕

　　游牧之世，民隨水草遷徙，土著絕少。至神農氏時，民始知播殖五穀，則行國變為居國。且畜牧必擇善地，而農耕隨地皆宜。肉食有時生病，穀食不惟不生病，並能養人而卻病，非多經考驗不克知此。畜牧成效易睹，農耕之收穫，必歷三時。非民智大開，不能確信而耐久。中國以農立國，而風氣早開於是時，由是安土重遷，井里釀成仁讓之俗。五穀之食，利賴至今，非偶然也。

第四節　貿易

狩獵時代，全社會衣食相同，無所謂有無，即無所謂交易。至由狩獵而畜牧，由畜牧而耕稼。耕稼時代，不能遽廢狩獵畜牧之事。狩獵畜牧者不必耕稼，則於粒食常不足。耕稼者不必狩獵畜牧，則於肉食常不足。既不足矣，於是有無不得不交通，而貿易之事以起。《易繫辭》言：神農日中為市，致天下之民，集天下之貨。交易而退，各得其所，是也。然當時貨幣未興，除以物交易外，大概山居之民，交易以皮；水居之民，交易以貝。故皮貝即為當時之貨幣。觀漢時尚以皮為幣，而財賄寶貴等字皆從貝，可以知矣。

第五節　金屬器物之使用

近世地質學家考太古人民進化之度，謂必經過石器時代，而後入金屬時代。金屬時代之初，又必先經鐵器時代，而後入銅器時代。蓋草昧初開，為防敵御獸而武器重。為渴飲飢食，而飲食之器、耕作之器起。飲食之器，由窪尊、抔飲、土簋、土鉶易之以陶匏。而解剖犧牲，不能不藉助於庖刀，刀固須金屬也。耕作之器有耒耜，有鋤耨，有斧斤。鋤耨斧斤，亦須金屬也。武器以防敵御獸，兼為狩獵之利技。民智未開，只知用石。至燧人氏鑄金作刃，其時必發五金之礦。故由用石時代，突入用金時代，至庖犧時遂有干戈，神農時遂有斤斧，而蚩尤之鎧刀劍矛戟大弩，此其濫觴矣。

第六節　婚姻

上古雜昏時代，以女子為一國男子所公有。《社會通詮》注云：蠻夷男子，於所婚圖騰之女子，同妻行者皆其妻也。女子於所嫁圖騰之男子，同夫行者皆其夫也。凡妻之子女皆夫之子女也。其同圖騰同輩行，則兄弟姊妹也。與其母同圖騰同輩行，則諸父諸母也。母重於父，視母而得其相承之宗。故幾蓮氏之民，知有母而不知有父。《亢倉子》、《風俗通》說皆同。因之血統相續，咸以女而不以男。而姓字從女從生，即古代帝王大抵從母得姓。如神農、黃帝皆為少典之後裔。而神農姓姜，黃帝姓姬，則以母姓不同之故耳。其於婦女也，視之如奴婢。亡國之民，降為臣妾，後世猶然。此時婦女，多因戰勝他族俘虜而來，故以奴婢待之。此外又有摽掠婦女之俗。其摽掠必以昏夜，所以乘婦家之不備。婚之從昏，謂以昏時行禮，古則以昏摽掠。今以士昏禮觀之，猶有摽掠之遺義。《社會通詮》曰：歐俗嫁娶，為夫儐相者稱良士，此古助人奪婦者也。為新婦保介者曰扶娘，此古助人扞賊者也。若《士昏禮》之婿行親迎，必以從車載從者。婦入夫門，有姆有嫂，咸從婦行，非即古時助人奪婦，助人扞賊之遺俗乎？然摽掠與俘虜，固即當時婚禮也。至庖犧制為儷皮之禮，則易摽掠而為買賣矣。古者以皮為貨幣，儷皮為禮，乃所以酬此女之值。周時婚禮，除納徵用元纁、束帛、儷皮外，納采、問名、納吉皆奠雁。則以畜償值，又以皮償值之一變俗也。既以買賣婦女為婚姻，則無同姓異姓之辨，更不待言矣。案俚俗每於春時合鄰峒男女，束裝來游，攜手並肩，互歌相答，名曰作劇。有乘時為婚合者，父母率從無禁。又每村男女眾多，必設一樓，登必用梯，名曰闌房。遇晚，村中幼男女盡駐其上，聽其自相諧偶，非即太古風俗之現影歟。

第七節　喪葬祭祀

孟子謂：「上世嘗有不葬其親者，其親死則舉而委之於壑。」《易繫辭》：「古之葬者，厚衣之以薪，葬之中野。」唐杜氏《通典》謂此即太古之凶禮。蓋棺槨未備之時，固應如此。太古民智未開，其神權之迷信甚深。八蠟始於神農，其祭也至於迎貓虎。雖重農主義，亦因民也。又泰壹氏嘗正神明之位，神民氏使神民異業，蓋多神教。凡物教之盛行於是時，可意想而知矣。

第八節　歌舞

「凡音之起，由人心生也。人心之動，物使之然也。感於物而動，故形於聲；聲相應故生變，變成方謂之音」《樂記》音者，歌之所從出也。歌者，所以補言之不足也。太古之民，言語漸次發達，遂不知不覺而衍為聲歌，以發抒其心意。東戶氏時，民間之歌已能樂而不淫。至祝融氏，聽弇州之鳴鳥而作樂歌，亦不過以此定為民間之標準耳。且三人操牛尾，投足以歌八闋。葛天氏之樂也，投足則已具有舞之神情矣。陰康氏作樂舞，以救民氣鬱閼，筋骨瑟縮之患。則又注意體育，開後世舞勺舞象之風焉。《文子》〈精誠〉篇：「聽其言則知其風，觀其樂則知其俗。」當時之歌詞，傳自民間者，如伏羲網罟之歌，神農豐年之詠。《太平御覽》五百七十一引夏侯元《辯樂論》曰：伏羲氏因民興利，教民田漁，天下歸之。時則有網罟之歌，神農繼之，教民食穀，時則有豐年之詠。《唐文粹》〈元結補樂歌十編〉：網罟，伏羲氏之樂歌也。其義蓋稱伏羲能易人取禽獸之勞。歌辭曰：吾人苦兮水深深，網罟設兮水不

深。吾人苦兮山幽幽，網罟設兮山不幽。豐年，神農氏之樂歌也。其義蓋稱神農教人播殖之功。辭曰：猗大帝兮其智如神，分華實兮濟我生人。猗大帝兮其功如天，均四時兮成我豐年。皆表揚其君主，最有益於民生之事業。蓋自古至今，凡君主最有益於民生之事業，民間常不能忘，而傳為歌詠。而網罟豐年，皆關於飲食問題，以此可察知當時民情之趨向矣。

附太古帝王表

循蜚紀

鉅靈氏　句彊氏　譙明氏　涿光氏　鈞陳氏　黃神氏　鉅神氏　犁靈氏

大騩氏　鬼騩氏　弇茲氏　泰逢氏　舟相氏　蓋盈氏　大敦氏　靈陽氏

巫常氏　泰壹氏　空桑氏　神民氏　猗帝氏　次民氏

因提紀

辰放氏　蜀山氏　虺傀氏　混沌氏　東戶氏　皇覃氏　啟統氏　吉夷氏

幾蘧氏　狶韋氏　大巢氏　燧人氏

禪通紀

軒轅氏非黃帝　祝融氏　庖犧氏　女媧氏　柏皇氏　中央氏　大庭氏　栗陸氏

驪連氏　混敦氏　赫胥氏　尊盧氏　皞英氏　有巢氏　朱襄氏　葛天氏

陰康氏　無懷氏

相傳自開闢至獲麟，二百七十六萬歲。分為九頭、五龍、攝提、合雒、連通、敘命、循蜚、因提、禪通、疏仡十紀。疏仡紀自黃帝始。

第二章

黃帝至夏商

第一節　飲食衣服

　　飲食不外肉食穀食兩種。《尚書·益稷謨》奏庶艱食鮮食。《汲冢周書》黃帝始炊穀為飯。而橘柚酒醴，已登食品。橘柚見《禹貢》。酒為夏禹時儀狄所發明。嗜酒之俗自上倡之。禹雖惡旨酒，而有酣酒之戒。五子之歌。而自太康羲和及桀，皆淫湎於酒，桀竟以此亡國。殷紂嗜酒，沫土化之。成王封康叔於衛，至命周公作酒誥以警戒之。蓋酒害之中於風俗，非一日矣。其時烹調之法，常用鹽梅為之助。《尚書·說命下》若作和羹，爾惟鹽梅。故割烹要湯，雖係誣聖之言，然亦可見當時之研究烹飪也。育蠶之事始黃帝，而衣裳冠冕，亦起於是時。《易繫辭》黃帝堯舜垂衣裳而天下治，是也。文明日啟，則華麗日增。故即堯時之山龍藻火，知民間之繪繡已工。即禹時之織文、織貝、纖縞、絺紵、元纁、璣組、纖纊等貢物，知民間之紡織已精。其時又有皮服、《禹貢》島夷皮服。卉服、《禹貢》孔疏。卉服是草服葛越也。葛越，南方布名，用葛為之。毛罽《禹貢》熊羆狐狸織皮，孔疏，以織皮為毛罽。以供常用。有羽毛、齒革、球琳、琅玕以為服飾。蓋漸洗洪荒之陋矣。

第二節　宮室

　　宮室之制，起於黃帝。《管子》黃帝有合宮。《白虎通》黃帝作宮室避寒濕。是也。黃帝又創樓閣明堂之制。漢武帝時方士言：黃帝為五城十二樓。《帝王世紀》黃帝之時，鳳凰巢於阿閣。《史記·封禪書》濟南人公玉帶，上黃帝時明堂圖可證。至夏殷時，則宮室更以壯麗為尚。觀桀殫民財，造瓊宮瑤台。紂實財鹿台，為瓊室玉門，作沙邱宛台，為游宴之所，足見一斑矣。蓋君主之建設，民間常受其影

響，以漸為風氣。故即其時君主宮室之美，可知民間宮室之不甚相遠也。

第三節　文字

《易繫辭》：「上古結繩而治，後世聖人易之以書契，百官以治，萬民以察。」案結繩之治，蓋在燧人氏時。書契之作，實始伏羲。伏羲畫卦即字，如乾（三）為天字，坤（三）為地字，（《漢書》坤作〴〴。）坎 三 為水字。（今水尚作〣〣）與巴比倫楔形文字之 Ｙ 二 〣〣 三 ꝓ 四 〣〣 八 人 十 〴〴 廿三等字，以陽爻示奇數之一，陰爻示偶數之二者正同。近人考易為古代字典，謂易之文皆所以解釋古字。至黃帝之史倉頡，始作六書，民間用以記事，即謳歌亦藉以流傳。名物稱謂，並得表著，以供後人之考究。不但一洗結繩之陋已也。文字為智識之搬運具，而此時之民已利用之，殊堪駭絕。

第四節　漆器陶器之使用

《尚書・禹貢》厥貢漆絲，子華子堯不以土階為陋。而有虞氏惕戒於塗髹。髹，漆器也。蓋有虞氏作漆，布漆於器，而後世始有漆工焉。陶窯字古止作匋，外從勹，象形。內從缶，指事也。《說文》曰：古者昆吾作匋，其說出於《世本》，亦見《呂覽》。按昆吾國名，即春秋衛地，所謂昆吾之墟也。衛地濱河，虞舜陶於河濱，或即在是歟。據高誘《呂覽》注、韋昭《國語》注，昆吾為己姓始封之君。吳回祿之孫，陸終之子，時代實在舜前。作陶者當即其人。而或以昆吾後裔，為湯所滅者當之，誤矣。《考工記》曰：有虞氏上陶，蓋自器

不苦窳以來，瓦瓾泰尊，名詳禮器，啜型飯瑠，用達宮廷。厥後世傳其業，闕父入周猶為陶正，有自來矣。

第五節　人民之程度

（甲）民之好惡。《左傳》文十八年季文子論莒僕篇：「昔高陽氏有才子八人，齊、聖、廣、淵、明、允、篤、誠，天下之民謂之八愷。高辛氏有才子八人，忠、肅、共、懿、宣、慈、惠、和，天下之民謂之八元。帝鴻氏有不才子掩義、隱賊、好行凶德、醜類惡物、頑囂不友、是與比周，天下之民謂之渾敦。少皞氏有不才子毀信、廢忠、崇飾惡言、靖譖庸回、服讒搜慝、以誣盛德，天下之民謂之窮奇。顓頊氏有不才子不可教訓、不知話言、教之則頑、舍之則囂、傲很明德以亂天常，天下之民謂之檮杌。縉雲氏有不才子貪於飲食、冒於貨賄、侵欲崇侈、不可盈厭、聚斂積實、不知紀極、不分孤寡、不恤窮匱，天下之民謂之饕餮。」元愷、四凶皆出自民間之輿論，舜能舉之去之，遂為天下所戴，民情大可見矣。近世群學家言：欲善其群，必先去一群之蠹。四凶，民之蠹也，而民惡之，必除之以為快，已有自善其群之觀念。且既以貪食、黷貨、不分財、恤窮、為惡，則深惡利己主義。而尚公德，謀公益，均財產，營共同生活之觀念生。以掩義、毀信、不可教訓、比醜類、誣盛德為惡，則注重道德，而保全善類，服從教訓之觀念生。社會之裁制，固易於得力也。

（乙）民之自愛。刑法起於後世，所以濟教化之窮也。唐虞之民，皆服教而畏威。故舜之五刑，不過用三苗所制之名號，實常以象刑養人廉恥。《尚書·益稷謨》方施象刑惟明。《太平御覽》引《慎

子》云：「唐虞象刑，犯墨者蒙皂巾，犯劓者赤其衣，犯臏者以墨蒙其臏處而畫之，犯宮者履雜菲，犯大辟者衣無領。」《北堂書鈔》引《書》大傳，略同。然則民知自愛，五刑正可不設也。至夏則有牢獄之制，夏台即圜土。有殺戮之法，《左傳》昭十年叔向引《夏書》曰：昏墨賊殺，皋陶之刑也。今《夏書》無此文。蓋世益變而法益嚴，不得不用刑。特夏人制之，而托之於皋陶耳。商湯則有官刑墨刑，《伊訓》臣下不匡其刑墨。以警官吏之陷於三風十愆者。而三風中之恆舞、酣歌、殉貨色、比頑童，與禹戒之酣酒、嗜音、內作色荒同意。當時此種風氣，必已傳染於民間，蓋上有好者下必甚焉。官刑之作，治官即所以治民也。然夏商之民，雖不及唐虞，要其幹犯法禁者鮮矣。

（丙）民之戴上及愛國。《孟子》言：「堯崩三年之喪畢，舜避堯之子於南河之南。天下朝覲訟獄者，不之堯之子而之舜；謳歌者，不謳歌堯之子而謳歌舜。舜崩三年之喪畢，禹避舜之子於陽城，天下之民從之。若堯崩之後，不從堯之子而從舜也。禹崩三年之喪畢，益避禹之子於箕山之陰。朝覲訟獄者，不之益而之啟，曰：吾君之子也。謳歌者，不謳歌益而謳歌啟，曰：吾君之子也。」蓋堯舜禹以天下為公，民亦仰體其意，注重於進賢，不斤斤於傳子與不傳子也。然以民情之傾向，始得定傳賢傳子之局，其勢力亦不小矣。

夏大康失德，有窮后羿有窮，國名。因民弗忍拒於河。《尚書》五子之歌。夏后相避羿，羿因夏民而代夏政。少康居綸，邑名。有田一成，有眾一旅，方十里為成，五百人為旅。能布其德而兆其謀，以收夏眾，卒復禹績。並見《春秋》襄四年及哀元年傳。蓋凡欲滅人之國家者，必因其民有鬱而必發之勢，然後從而為之發動，則其勢自如摧枯而拉

朽。湯因夏民有「時日曷喪，予及爾偕亡」之語，而始伐夏。湯之未伐夏也，先征葛，因葛伯仇餉而民怨之也。由是東征西夷怨，南征北狄怨。曰：奚獨後予，攸徂之民，室家相慶。曰：徯我後，後來其蘇。誠有如孟子所謂若大旱之望雲霓者。紂之無道，小民與為敵仇。武王伐紂誓師，因引「撫我則後，虐我則仇」之古言，而直指紂曰：乃爾世仇。以激動民心，遂有倒戈之事，此其明徵也。羿之因夏民代夏政，似後世莽操之所為，而其因民弗忍，固未嘗不假仁義以燠咻之也。夏民之從之也，偶然也，勉強也，愛國之心未嘗泯也。故少康以夏裔而圖恢復，遂能號召忠義，以一成一旅而建中興。蓋愛國心即國魂，宜其一呼而凜凜有生氣也。且國之亡也，必有暴君如桀紂以招民怨，然後民離之。夏後相未聞失德，而羿滅其國，民安得不有反正之意。況即暴君可惡，而民之惡暴君，尚不如其愛祖國也。紂之凶惡，民可以倒戈。然既為周民，常有狡焉思逞之事，武庚因此畔周，周公東征三年而始克之。宋儒王氏伯厚曰：「商之澤深矣。周既剪商，既歷三紀，而民思商不衰。考之《周書》，〈梓材〉謂之迷民，〈召誥〉謂之仇民，不敢有怨疾之心焉。蓋皆商之忠臣義士也。至畢命始謂之頑民，然猶曰邦之安危惟茲殷士，兢兢不敢忽也。」蓋周人對於商民之愛國，不但畏之，而且敬之也。若夫箕子感故宮禾黍，作麥秀之歌。《史記》箕子朝周過故殷墟，感宮室毀壞生禾黍，箕子傷之。欲哭則不可，欲泣為其近婦人，乃作麥秀之歌。其詞曰：麥秀漸漸兮禾黍油油，彼狡童兮不與我好兮。夷齊不食周粟，作採薇之歌，《史記》武王平殷亂，天下宗周，伯夷叔齊恥之，義不食周粟，採薇首陽山，餓且死作歌，其詞曰：登彼西山兮，採其薇矣。以暴易暴兮，不知其非矣。神農虞夏，忽焉沒兮，我安適歸矣。吁嗟徂兮，命之衰矣。尤仁人君子所聞而心惻者。

《尚書‧堯典》黎民於變時雍。雍者，和也，謂風俗大和也。是以擊壤之歌，《帝王世紀》：帝堯之世，天下大和。百姓無事，有老人擊壤而歌，其辭曰：日出而作，日入而息。鑿井而飲，耕田而食，帝力於我何有哉。康衢之謠。《列子》：堯游於康衢以察民情，有兒童謠曰：立我烝民，莫匪爾極。不識不知，順帝之則。忘帝力順帝則，其戴上之忱，誠有如瞻雲而就日者。華封人之戴舜，而祝舜以富壽多男也。舜觀於華，華封人視曰：使聖人富壽多男子。帝曰：多男多懼，富則多事，壽則多辱。封人曰：天生烝民，必授之以職。多男而授之職，何懼之有。富而使人分之，何事之有。天下有道，與物皆昌。天下無道，修德就閒，千歲厭世，去而上仙，乘彼白雲，還於帝鄉，何辱之有。注意於生命財產及種族之發達。又云多男授職，其目的務使人人各盡其天職，以擔任家庭社會義務，絕不令子弟遊惰，致以分利而阻社會之進步。又云：富而分人。其目的在廣布公益公德，如今善堂工場及各種義舉之類。深有合於今日生計學家擲母財養勞動者之主義，可為當日社會思想之代表。以此壽君上，雖南山之頌，何以過之。至於黃帝龍袞之頌，《太平御覽》五百七十一引夏侯元《辯樂論》曰：黃帝備物，始垂衣裳，時則有龍袞之頌。夏禹大化、大訓、六府、九厚之歌，《尚書》大傳曰：歌大化大訓六府九原，而夏道興。鄭注謂此四章皆歌禹之功。皆不能忘其君上之功德，乃作為歌頌以紀念之也。

（丁）民之參預政事。《周禮》小司寇之職，掌外朝之政以致萬民而詢焉。一曰詢國危，二曰詢國遷，三曰詢立君，是人民參預政事也，而其事實始於唐虞。《尚書‧大禹謨》帝曰：禹，官占，惟先蔽志，昆命於元龜。《孔傳》：蔽，斷也，官占之法。先斷人志，後命

於元龜。孔疏引《洪範》謀及乃心，謀及卿士，謀及庶人，以釋先斷人志。然則舜之傳位於禹，固曾謀及庶人也。夏時謀及庶人之事，雖不可考，然禹得《洪範》之傳，必能施諸實際。若盤庚之誥告有眾，咸造在王庭，尤其彰彰者。總之，自唐虞以來，人民有參預政事之能力，可斷言也。

虞帝之教，其君子尊仁畏義，恥費輕實。夏民之敝，蠢而愚，喬而野，樸而不文。殷民之敝，蕩而不靜，勝而無恥。孔子之言見《禮表記》。

第六節　婚姻

無同姓異姓之別，如顓頊女女修，為伯益之曾祖母。堯二女嫁舜，皆同姓連婚，是也。娶妻甚早，故三十不娶便謂之鰥。如《尚書·堯典》稱有鰥在下曰虞舜，舜時年方三十，《舜典》舜生三十征庸。是也。一夫娶數婦，姊妹嫁於一夫，無嫡庶之分。如舜妻堯二女，夏少康娶虞思二姚，是也。有贈嫁之奩，如堯以女娶舜，並備牛羊倉廩，是也。至於館甥貳室，乃作婿之韻事，嫁女而天下隨之，堯之相攸尤特別焉。

第七節　喪葬

父母之喪三年。舜崩，百姓如喪考妣三年，《孟子》。是也。有棺槨。《禮·檀弓》言有虞氏瓦棺，夏後氏墍周，殷人棺槨，是也。有墳墓。《黃帝內傳》帝斬蚩尤，因置墳墓。《漢書·地理志》濟陰成

陽有堯冢。《皇覽》又《帝王世紀》說同。《春秋》僖三十二年傳：其南陵夏后皋之墓也。皋，夏桀之祖父。《史記‧殷本紀》裴駰集解引《皇覽》曰：湯冢在濟陰亳縣北東郭，冢四方，方各十步，高七尺。《尚書‧牧誓》封比干墓，是也。有墓銘。唐開元四年，偃師耕者得比干之墓，銅盤篆文，有右林左泉，後岡前進云云，周益公跋王獻之保母碑引此。是也。夫婦不合葬。《禮‧檀弓》舜葬於蒼梧之野，蓋三妃未之從也。鄭註：古者不合葬。孔疏：從，猶就也。古不合葬。故舜之三妃，不就蒼梧與舜合葬也。

第八節　祭祀

　　黃帝作合宮以祀上帝，接萬靈，立天神地祇。物類之官，各司其序，使民神異業。自少皥氏之衰，九黎亂德，民神雜糅，家為巫史，黎，苗也。苗俗信鬼，至今猶然。神權迷信，牢不可破。至顓頊時，有南正重司天以屬神，北正黎司地以屬民，民間乃復故常，不相侵瀆。舜巡狩五嶽，禋於六宗，望於山川，遍於群神。大概我國古時，以天為萬能有力之主宰，謂平生所為事業，悉出於天之支配。遭凶禍，則曰天罰而謝之。遇幸福，則曰天祐而拜之。因此遂有祭天之事。而祭有一定之季節，又有一定之犧牲。然亦有臨時特別祭之者，次於天之祭者。有四時、寒暑、日月、星辰、水旱等，曰六宗之祀。次於六宗者，有群神之祭，山川之祭。當時所祭之山川，則為泰、霍、華、恆、嵩五嶽，江、淮、河、濟四瀆。此外蠟及祖先之祭，亦皆備禮焉。其致神之禮，有虞氏尚用氣，殷人尚聲，《禮‧郊特牲》。其祭器，有虞氏有泰尊，夏后氏有山罍，殷有著尊。夏后氏爵以琖，殷以

斝，有虞氏俎以梡。夏后氏以嶡，殷以椇。夏后氏以楬豆，殷玉豆。其祭品，夏后氏牲尚黑，殷白牡。有虞氏祭首，夏后氏祭心，殷祭肝。均見《禮明堂位》。又《夏書》奠高山大川。孔子告子張以為牲幣之物。五嶽視三公，小名山視子男。《山海經》作於禹益，其中每言自某山至某山。其祠之禮用何祈，用何瘞，用何糈。大概米用稌稻，牲用雄雞白狗牛羊豕等，玉用圭璋璧等。亦可考見當時祭祀之品物矣。

第九節　養老

養老之禮，始於虞舜，名曰燕禮，夏曰饗禮，殷曰食禮。記稱有虞氏貴德而尚齒，夏后氏貴爵而尚齒，殷人貴富而尚齒，是也。其原因為憐困難之老人，及恤有功勛於國家者而設。以化萬民於慈順，導萬民於孝弟。其養之之地，有虞氏養國老於上庠，養庶老於下庠。夏后氏養國老於東序，養庶老於西序。殷人養國老於右學，養庶老於左學。

第十節　諺語

吾王不游吾何以休，吾王不豫吾何以助。《孟子》晏子對景公引夏諺。此非夏人之諺乎。以王者之遊為樂，以王者之不游為慮，可想其時下情上達，上德下宣之景象。而君主既出而與民相見，民亦絕無驚犯乘輿之事也。後世君主，深宮高拱，常不知稼穡之艱難。加以貪污官吏之匿災，鄉閭清議之衰息，民情風俗，壅於上聞，坐困顛連而無所控訴。讀《小雅·各什》可以悲矣。間有舉巡方之典者，又復一意

遨遊，如秦皇漢武之類。不注意於民情風俗。官吏供億之費，苛派於民間；侍從需索之物，取辦於閭里。民一聞天子之來，且不勝其惶遽愁苦焉。以視夏民，其忻戚之相去為何如也。

第二章

周初至周之中葉

第一節　概論

周之始祖后稷，為中國研究農學之鼻祖。其裔孫太王居豳，雖陶復陶穴，不脫戎狄之俗。然能復修舊業，注重農務，觀《詩·豳風》所詠，可以知矣。故周公常以此示成王，使知稼穡之艱難。而周代人民之職業，大抵以農為本位。太王之遷岐也，漸革陋俗。至於文王，教化大行，國中耕者讓畔，行者讓路。虞、芮二國名。由此質成。且南方舊為苗族之根據地，古稱難化，雖經神禹削平而驅逐之，究為王化所不及，乃因被文王之化，遂爾風清俗美。今觀《詩》〈周南〉、〈召南〉所詠，如〈桃夭篇〉之男女以正，婚姻以時。〈江漢篇〉之前日遊女不可復求。〈行露篇〉之女子守禮，不能無家強取。〈摽梅篇〉之女子貞信，懼見辱於強暴。〈野有死麕篇〉之女子貞潔，不為強暴所污。可見前日淫亂之俗已革，而強擄人女為妻之惡俗，亦將不禁而自絕也。又以文王后妃之不妒，而小星江汜，嫡妾無猜，茉莒之和平，蘋蘩之肅穆，皆征刑於之效，加以周召之制禮宣化，成康之重熙累洽，於是社會之進化，遂有一飛衝天之概。

一切風俗制度，即當文明之世，亦必略最存初之制，以示不忘古。如古時未有衣裳，人但知蔽前而不蔽後。其後既有衣裳，而仍為芾以象之。《詩》所謂赤芾在股，是也。古時未有宮室，至黃帝為合宮，復以茅茨。其後明堂之制特隆，而仍略綴以茅。左氏所謂清廟茅屋，是也。古時未有酒醴，而祭用水。其後酒醴既豐，而祭仍用水。《禮·郊特牲》所謂元酒明水貴五味之本，是也。古時未有火化，茹毛飲血。其後既熟食，而祭仍不廢毛血。《禮·禮運》所謂薦其毛血，是也。古時狩獵為生而飲其血，故盟誓皆歃血，器成亦涂以血。

其後雖不茹血，而器成及盟誓仍用之。《周官》所謂釁寶器，《左傳》所謂歃血，是也。是亦崇古思想之一斑矣。

第二節　飲食

常食用穀類、蔬菜等物，多蒸而食，蔬菜多用羹，又食肉之風亦盛行，魚鳥牛豚羊稱五鼎之食，當時人民最嗜好焉。又馬鹿熊狼之類，亦多捕而食之。其製作配合之法，觀《禮・內則》一篇，可得大概矣。飲物有酒醴漿湆等。酒係夏后時儀狄之發明，周時有杜康者，更改良其製造法，大流行於世間。為燕饗之必需品，朝廷設酒正掌之。醴者，甘酒也。漿湆為食物之附屬品。此外猶有種種飲料，而茶其最著者也。茶發明於殷周時，周人用之者多。齊晏嬰甚愛賞之。《爾雅・釋木》檟，苦荼。郭註：樹小如梔子，冬生葉可以為飲。唐皮日休《茶經序》以苦荼為茶。《野客叢書》說亦同。又夏月用冰。《詩》曰：二之日鑿冰沖沖，三之日納於凌陰。凌陰即冰室。《周禮》有凌人掌冰正，是也。

第三節　衣服

衣正色，裳間色。《玉藻》。普通之冠用弁。《詩》突而弁兮。大夫士則冠元端。諸侯齋時，用元冠丹組纓。大夫士齋時，元冠纂組纓。大夫士夕服深衣。士不衣織，不衣狐白。無君者大夫士去位。不貳采。裘用狐貉羔等獸皮為之。童子不裘不帛，其衣緇布，以錦緣之，帶亦錦為之。《玉藻》。有衿纓、用雙髮結之。容臭、香物也。槃小囊也。等之飾。婦人之命服，除世婦外，皆從男子。其常服亦用綌絺布錦，

其首飾有笄髦、玉瑱、象揥等。凡男女之衣服，多用襲衣。鄭注《內則》襲，重衣也。

第四節　階級制度

　　凡一種族征服他種族之人民，必加其所征服者以不同等之號，甚則以奴隸待之。如《堯典》分百姓黎民為二。百姓，貴族也。《國語》王公之子弟由天子賜姓以監其官者，是謂百姓。黎民，即苗民。黎，黑色也，猶言黑人。以其為漢族所征服，故以種色區之為賤族也。周人之稱殷民為迷民、仇民、頑民，亦略有此意。是征服之民一級也。印度分人為四種，最上者稱婆羅門，其次為剎利，其次為毗舍，最下者為首頭陀。不許互通婚。歐人大率分僧侶、貴族、公民、奴隸四種。奴隸起原，一由罪人，二由鬻身。罪人之為奴隸，又分二種：有犯重辟而籍其家族為奴者，《周禮·秋官》：為奴，男子入於罪隸，女子入於舂藁。有無錢贖罪，而為奴以贖罪者。《周禮》質人掌民人之質劑。至鬻身為奴，實因生計窘迫，而其主人率視之為貲產。《曲禮》問大夫之富，曰有宰食力。宰，即家臣。而宰字本義，為罪人在屋下執事者之稱，從宀從辛。辛，罪也。見《說文》《三國志》注引《魏略》匈奴名奴婢曰貲。可證是奴隸，又一級也。《曲禮》禮不下庶人，刑不上大夫。周制命夫命婦不躬坐獄訟，王族有罪不即市。而庶人祭不得立廟，不得行冠禮，葬不為雨止，貴賤之分甚嚴。是庶人又一級也。周時封建世祿之制備，諸侯之臣下，皆為世官。故士之子常為士，農之子常為農，工之子常為工，商之子常為商。士以外農工商，皆庶人也。然亦設特別之例，凡聰穎異常者，可由農工商之資格而升為士。農工商中，農居多數，

農之秀者為士。觀董仲舒《春秋繁露・五行相生》篇，有「農斯有士」之言而益信。

第五節　家族主義

中國為宗法社會，故家族政治自古已嚴，至周尤甚。蓋儒家最注心力於此，正父子兄弟之道，明長幼貴賤之序，嚴男女之別。一家之內，子必從父，婦必從夫，弟必從兄。雖有極重大極緊要之事件，不能破範圍而違其節制，否則加以犯分之惡名，定以不孝不恭不順之大罪。又男女至七歲以上者不得共席，一切物品不可交相授受。

第六節　名姓氏族之辨

夏禹之世，有名有姓而無字與謚，亦無氏，貴賤皆呼其名不相諱。至周時，呼字之俗起，丈夫二十冠而命字，無稱名者，惟於臣子及幼賤者名之。謚法亦自周始，人死則謚其行以立謚，而諱生時名。有物與死者同名，臣子必易其物名。如晉僖侯名司徒，便廢司徒為中軍；宋武公名司空，便廢司空為司城。魯申繻謂以畜牲則廢祀，以器幣則廢禮，是也。姓者，生也。所以明世系而別種族也。氏者，猶家，所以表家門也。故一姓分為數十百氏。姓之起在太古，據古史，五帝皆有姓。唐虞時種族甚多，有百姓之稱。及周興，姬姓繁衍於華夏，異姓漸絀，然猶有二十餘姓。周衰，姜、咩、媯、嬴踵興，與諸姓相軋，而他姓愈微。氏始於以地名冠名，自周以前亦有之，然非人人必用之。周時王子王孫、公卿諸侯，大抵以國邑為氏，後裔雖亡，其地亦襲稱之。諸侯子孫稱公子公孫，公孫之子以王父字為族，世臣

率以邑為族，官有世功則有官族。族者，氏之支別也，通謂之氏。男子冠名以氏而不稱姓。姓者，婦人所稱也，故其字多從女，如姬姜之屬。及戰國時，婦人亦不稱姓，而姓之用廢，自是以氏族作姓，姓與氏無有異義矣。以邑為氏，如晉韓氏、趙氏、魏氏之類。以官為氏，如晉士氏及中行氏之類。以字為氏，如鄭子國之後以國為氏，子駟之後以駟為氏。

第七節　冠婚

男子二十而冠，女子十五而筓，表其有成人之資格也。冠禮為禮之始，不可不恭敬行之。故先卜日之吉凶，而請人舉行加冠式。至期，冠者之父著禮服，迎加冠之人，而使加其冠於子，又命冠者之字。成人後自稱以名，稱人以字。加冠式既終，有謁親屬之長者，及鄉大夫鄉先生等之禮。婚禮必有媒氏以交通二家，依彼介紹而舉行其禮節者也。其舉行之次第如下：凡娶女先由夫家托贄物於媒氏，納於女之父，謂之納采。女父既承諾，則問女之名，謂之問名。媒氏歸於夫家而卜其吉凶。若吉，則更遣使告之於女父，謂之納吉。納吉之式既終，則納元纁十端，獸皮即太古時之儷皮。二枚於女父，為納婚之約信，謂之納徵。由是自夫家請求婚禮之期日，謂之請期。至期為婿者著禮服，乘黑車，往女家親迎其婦，謂之親迎。其時嫡妾之分甚嚴，王之嫡妻曰后，諸侯曰夫人，大夫曰內子，士曰婦人，庶人曰妻，皆與其夫齊位，群妾莫敢與為匹。

周更夏、商之制稱女以姓。男子三十而娶，女子二十而嫁。嫁娶不能太早，且不可施於同姓。買妾不知其姓則卜之，恐其同也。此其理由，暗與今日生理學家忌早婚、及血屬結婚之理相符合。東西統計

家言，愈文明之國，其民之結婚愈遲，野蠻國反是。故印度人十五而生子者，率以為常。歐人二十而結婚者甚少，且結婚太早，男女身體、神經未發達，生子必痿弱。且早婚不但害於傳種，而亦害於教育，以其身無為人父母之資格，必不能任家庭之教育也。漢王吉所謂未知為人父母之道而有子，是以教化不明而民多夭。《漢書》本傳。史伯所謂氣同則不繼。《國語》鄭語。叔詹所謂男女同姓其生不蕃，《春秋》僖十二年傳。是也。且中國之始立國也，群後列據四方，不相混和。王者雖能以德與力盡服九州，然異姓之於王家，既非宗藩之親附者可比，究難泯其競爭，而求其協和。故利用嫁娶以聯合異姓，在當時為切要之事，從此因仍成俗，遂為不易之法。

第八節　鄉飲酒養老

鄉飲酒之禮，集一鄉之人而開宴會，今所謂鄉黨親睦會、懇親會者，是其遺意也。其主義重相親睦，相尊敬。明長幼之序，習賓主之禮。其集會之時，有三年一度者。鄉學生卒業而出仕，時鄉大夫為主人，鄉之父老為賓客，其中最老而知禮節者為上賓，餘為眾賓。又有一年二度者，州長習射而為飲也。一年一度者，黨正於習射時開會也。又鄉大夫常會其鄉之賢能而開筵宴，凡宴時，樂人奏歌詩以發揚其志氣，蓋一地方自治之現象也。養老自五十歲者始，五十歲以上，每增十歲者，用最殷勤之禮，養之於大學或小學，然非終身恩給。一年中七次招集之，使學士親目擊之，謀風教之陶冶，與鄉飲同為良法。

第九節　喪葬

　　喪葬之禮節，皆整頓於周，由貴賤親疏，而有種種差別，其用情之厚，世界所未見也。周公立制，節目詳備，哭泣擗踊皆有法。人死則必先復。復者，招魂之禮也。又有沐浴、飯含、小斂、大斂之禮。凡居父母君師之喪，上自天子，下至庶人，無貴賤上下之別，皆以三年為定例。父母之喪曰制喪，君之喪曰方喪，師之喪曰心喪。今由親疏論其差異，父母之喪，著斬衰之服二十五月，謂之三年之喪。其次祖父母、伯叔父母、昆弟之喪，著齊衰之服十三月，謂之期喪。又次為從父昆弟之喪，著大功之服九月。又次為再從昆弟、外祖父母之喪，著小功之服五月。又次為三從昆弟之喪，著緦麻之服三月。王崩，群臣諸侯皆居喪三年，嗣王不親政，謂之諒暗。百官皆聽於冢宰，諸侯薨亦如之。葬式之差別，天子七日而殯，七月而葬。諸侯五日殯，五月葬。大夫士三日殯，三月或逾月葬。而天子葬同軌畢至，諸侯葬同盟至，大夫士葬同位至，庶人葬族黨相會。棺槨衣衾，自天子至於庶人，務盡其美。棺厚五寸，槨稱之。而其作法，天子四重，諸侯三重，皆用松。大夫二重用柏，庶人一重用雜木。葬之時有輓歌，見於《檀弓》、《春秋》、《莊子》、《列子》等書。《檀弓》：季武子之喪，曾點倚其門而歌。《春秋》：哀公會吳子伐齊。將戰，公孫夏命其徒歌虞殯，示必死也。《莊子》：紼謳所生，必於斥苦。司馬彪註：紼讀曰拂。引柩索：謳輓歌，斥疏緩，苦急促。言引紼謳者，為人用力也。《列子・仲尼篇》：季梁之死，楊朱望其門而歌。隨梧之死，楊朱撫其屍而哭。唐段成式《酉陽雜俎》曾引《春秋》莊子二事，以辨輓歌之非始於田橫之客。

第十節　祭祀

　　國之大事，祀居其一。天地、日月、星辰、山川、林澤，皆神而祭之。不營神祠，不設神像，或作主，或望祭之。有大采朝日，小采夕月之禮。以日月之食，及山崩川竭為災變，必有以禜之。大夫祭宗廟五祀，士庶人祭其祖先。此等之祭有四時，春曰祠，夏曰礿，秋曰嘗，冬曰烝。庶人祭品，春用韭，夏用麥，秋用黍，冬用稻。始祖之廟，其主百世不遷。遷主所藏之廟曰祧祖廟，親盡則遷其主於祧，而致新主於廟。天子七廟，諸侯五廟，大夫三廟，士一廟，庶人無廟，祭於寢。

第十一節　蠱毒

　　周官誦訓，掌道方志以詔觀事，掌道方慝以詔避忌，以知地俗。謂蠱毒之類，皆為方慝。庶氏掌除蠱，以攻說禬之嘉草攻之，是周時已有蠱毒也。按《隋書》志云：江南之地多蠱，以五月五日取百種蟲，大者至蛇，小者至蝨，合置器中，令自相啖，餘一種存之。蛇則曰蛇蠱，蝨則曰蝨蠱。欲以殺人，因入人腹中，食其五臟，死則其產移入蠱主之家。三年不殺人，則蓄者自種其害，累世子孫相傳不絕。自侯景之亂，殺戮殆盡，蠱者多絕。既無主人，故飛游道路之中則殞焉。後其俗移於滇中，每遇亥夜，則蠱飛出飲水，其光如星。鮑照詩所謂「吹痛蠱行暉」者也。大抵蠱毒起於野蠻時代，及世界文明，則惟野番之俗行之。蠱之字上從蟲下從皿，皿內多蟲，蟲之所由製也。伏羲重卦，即有蠱卦。孔穎達《易正義》引褚氏云：蠱者，惑也。《春秋》昭元年傳：秦醫和謂晉侯之疾如蠱，非鬼非食，惑以喪志。

亦引《易》女惑男謂之蠱為證。蓋中蠱毒者，必迷惑不省人事，故惑為蠱字應有之義。由蠱之有惑義，可推知伏羲重卦之蠱，即蠱毒之蠱，而蠱毒不自周時始矣。此蠱毒起於野蠻時代之說也。至於野番之行蠱毒，則今黔粵之苗黎最著焉。然粵地之胡蔓草麻藥，亦蠱毒之類也。胡蔓草葉如茶，其花黃而小，一葉入口，百竅潰血，人無復生。邇來品彙益盛，花葉異常，不獨郊外，雖邑中亦在在有之。凶民將取以毒人，則招搖若喜舞然，真妖物也。或有私怨者茹之，呷水一口，則腸立斷。或與人鬩，置毒於食以斃其親，誣以人命者有之。麻藥置酒中，飲後昏不知人，富室每誘小民飲之以奪其貨財。然醒後不死，亦惡物也。《范石湖集》有治蠱毒之方。嶺南衛生方，有治胡蔓草毒之法。皆問俗者所宜加意者耳。然今之鴉片，亦蠱毒之類也。李時珍《本草綱目》云：鴉片前代罕聞，近方有用者。蓋自明以前，上不稱於史傳，下無聞於私家記錄，而流行之速，倏忽遍於內地。爍人之膏血，喪人之志氣，陷全國民族於氣息奄奄，不生不死之中。小之則以敗家，大之至於亡國。雖有識者正告之以如何之毒，而懵然不一悟，或悟而不能自拔。前者林文忠公既徒費苦心，今者朝廷雖大申吃煙之禁，而我煙民之沈夢如故。此種人若與之語及蠱毒，則咸畏之如蛇蠍虎豹，獨於幾千萬倍於蠱毒者。自吸之而自安之，焰蛾巢燕，甘心走入死地也。悲夫！

第十二節　言語

　　父為考，母為妣。父之考為王父，父之妣為王母。王父之考為曾祖王父，王父之妣為曾祖王母。曾祖王父之考為高祖王父，曾祖王父

之妣為高祖王母。父之世父叔父為從祖祖父，父之世母叔母為從祖祖母。父之昆弟，先生為世父，後生為叔父。男子先生為兄，後生為弟。女子謂先生為姊，後生為妹。父之姊妹為姑，父之從父昆弟為從祖父。父之從祖昆弟為族父，族父之子相謂為族昆弟，族昆弟之子相謂為親。同姓兄之子、弟之子相謂為從父昆弟。子之子為孫，孫之子為曾孫，曾孫之子為元孫，元孫之子為來孫，來孫之子為昆孫，昆孫之子為仍孫，仍孫之子為云孫。王父之姊妹為王姑，曾祖王父之姊妹為曾祖王姑，高祖王父之姊妹為高祖王姑，父之從父姊妹為從祖姑，父之從祖姊妹為族祖姑，父之從父昆弟之母為從祖王母，父之從祖昆弟之母為族祖王母。父之兄妻為世母，父之弟妻為叔母，父之從父昆弟之妻為從祖母，父之從祖昆弟之妻為族祖母。父之從祖祖父為族曾王父，父之從祖祖母為族曾王母，父之妾為庶母。母之考為外王父，母之妣為外王母，母之昆弟為舅，母之從父昆弟為從舅、妻之父為外舅，妻之母為外姑，姑之子為甥，舅之子為甥，妻之昆弟為甥，姊妹之夫為甥，妻之姊妹同出為姨。女子謂姊妹之夫為私，男子謂姊妹之子為出。女子謂昆弟之子為姪，謂出之子為離孫，謂姪之子為歸孫，女子子之子為外孫。女子同出謂先生為姒，後生為娣。女子謂兄之妻為嫂，弟之妻為婦。長婦謂稚婦為娣婦，娣婦謂長婦為姒婦。婦稱夫之父曰舅，稱夫之母曰姑。姑舅生則曰君舅君姑，沒則曰先舅先姑。謂夫之庶母為少姑，夫之兄為兄公，夫之弟為叔，夫之姊為女公，夫之女弟為女妹，子之妻為婦，長婦為嫡婦，眾婦為庶婦，女子子之夫為婿，婿之父為姻，婦之父為婚。婦之父母，婿之父母，相謂為婚姻。兩婿相謂為亞。婦之黨為婚兄弟，婿之黨為姻兄弟。謂我舅者，吾謂之甥也。《爾雅·釋親》。

如　《爾雅釋詁》：如，往也。按如即奴字，婦女在內，必借奴傳出入之言，故從女從口，即走信的人。故訓往也。各亦即奴字，從口，猶有如義，謂供奔走者。各加足則為路，路亦走路的人。蠻貉之貉從各，以奴稱之也。洛水出於貉地，故洛亦從各。知各之為奴，而如之為奴益確。今吾江西萬載土語，尚讀如為奴。

作　《爾雅釋言》：作，為也。按作即做字，《詩·小雅》：採薇採薇，薇亦作止。曰歸曰歸，歲亦莫止。莫即今之暮字，作與莫葉韻，故作即做字也。《後漢書·廉范傳》：民歌之曰：廉叔度，來何暮，不禁火，民安作。昔無襦，今五袴。亦同。

胡　《詩》：狼跋其胡，毛以為狼之老者。則頷下垂胡，胡考之休。註疏家皆訓為壽考。按胡從月從古。月，古老也。老人頸上，月常下垂，與狼老之垂胡者同，壽徵也。胡加彭則為鬍鬚也，老人有鬚也。

吳　《詩·周頌》：不吳不敖。《毛傳》：吳，嘩也。按吳，大呼也。古音我瓜切，與畟圭字同。蛙之從圭，以聲大也。夨象頭不正之形，口出聲大，頭必不正，故吳從夨也。吳加虍則為虞。虍，戴虎冠也。戴虎冠而大呼，猶是喧嘩之義。吳虞字古通用，《漢書·武帝紀》引不吳不敖，作不虞不驚。《釋名》：吳，虞也。石鼓文有吳人，注曰虞人。楊用修謂吳，古虞字省文，如虖之省為乎。今崑山有浦名大虞小虞，俗稱大吳小吳，吾萍稱蜈蚣為蠖蚣。

舟　《詩·大雅》公劉章：何以舟之，維玉及瑤，鞞琫容刀。《毛傳》：舟，帶也。按舟與刀倒字義同。《詩》：曾不容刀。《毛傳》：

舠，小舟也。古人帶刀常倒掛，舟之行，舟子常倒走，故謂舟為刀，倒之義也。舟有酬義，以受字證之，受之妥，即摽梅之摽。摽讀為求妙切，今人謂以物件摽（俵）人即此字。中加一，舟也。舟不時往還，摽者禮尚往還，酬報之也，亦含倒意。且何以舟之下文，即鞞琫容刀，刀固須倒掛也。倒掛，即帶也。又舟之行或三五艘，或十數艘，前後以環索相連，亦帶之義也。

選　《左傳》：弗去懼選。杜預註：選，數也。今蘇州謂責人罪過曰撫選，而吾萍語亦同，但讀若遷。

粃　《國語》：軍無粃政。吾萍語面鄙薄人，或謂人言不是，皆曰粃。但一作否，丕上聲，而蘇州謂事不實亦曰粃。

捽　《左傳》：捽而出之。吾萍語謂打人曰捽，而蘇州謂以手執人曰捽。

眠娗　眠，莫典切。娗，徒典切。《列子》：眠娗諈諉。眠娗，瑟縮不正之貌。今蘇州謂不倜儻曰眠娗。

璞鼠　《尹文子》：鄭人謂玉未理者為璞。周人謂鄭賈曰：欲買璞乎。鄭賈曰：欲之。出其璞，乃腐鼠也。

妻子　謂妻也。《詩》：妻子好合。《韓非子》：鄭縣人卜子，使其妻為袴。其妻問曰：今袴何如？夫曰：象吾故袴。妻子因毀新令如故袴。杜子美詩：結髮為妻子，席不暖君床。

月半　《儀禮·士喪禮》：月半不殷奠。《禮記·祭義》：朔月月

半君巡牲。後人以十五為月半本此。又《周禮·大司樂》王大食三侑注：大食朔月月半，以樂侑食時也。岑參詩：涼州三月半，猶未脫春衣。韓愈詩：南方二月半，春物亦已少。李商隱詩：白日當天三月半。晉溫嶠與陶侃書：克後月半大舉。

隴種　顧氏《日知錄》案《荀子》角鹿埵隴種東籠而退耳。注云：其義未詳。蓋皆摧敗披靡之意。今考之《舊唐書·竇軌傳》高祖謂軌曰：公之入蜀，車騎驃騎從者二十人，為公所斬略盡。我隴種車騎，未足給公。《北史·李穆傳》：芒山之戰，周文帝馬中流矢，驚逸墜地。穆下馬，以策擊周文背，罵曰：籠凍軍士，爾曹主何在？爾獨住此。蓋周隋時人尚有此語。今江浙間尚有怪怪龍東之語。

鹽　去聲，以鹺醃物也。《禮·內則》：屑桂與姜，以灑諸上而鹽之。

火　《司馬法》：人人正正辭辭火火注：言一火與一火，猶人人殊之人人也。按即俗謂火伴。古《木蘭詩》：出門看火伴。《唐書·兵志》：府兵十人為火，火有長。鑛騎十人為火，五火為團。《通典·兵制》：五人為烈，烈有頭目。二烈為火，立火子，五火為隊。

恙　《爾雅·釋詁》：恙，憂也。疏，恙者。《聘禮》云：公問君，賓對，公再拜。鄭注云：拜其無恙。郭云：今人云無恙，謂無憂也。又噬蟲，善食人心。《風俗通》：噬蟲能食人心。古者草居多被此毒，故相問勞曰無恙。如《戰國策》趙威後問齊使曰：王亦無恙。及《說苑》魏文侯語倉庚曰：擊無恙。《前漢書》武帝報公孫宏曰：何恙不已。《晉書·文苑》顧愷之與殷仲堪箋：布帆無恙。《隋書》：

日本遣使致書皇帝無恙。皆問勞之辭也。音漾。《楚辭·九辯》：還及君之無恙。音羊。

孟浪　《莊子·齊物論》：夫子以為孟浪之言。徐邈讀莽朗，向秀讀漫瀾。《集韻》：孟浪猶較略也。一曰不精要之貌。

步行　《管子》：步行者雜文采。又《淮南子》：為車者步行。

強梁　《莊子》：從其強梁，隨其曲傳。又《揚子》：君子強梁以德，小人強梁以力。《詩》武人東征疏：荊舒強梁而難服。

多事　《莊子》：堯曰富則多事。《韓非子》：喜之則多事。《魏書·斛斯椿傳》：椿狡猾多事。

家事　《左傳》趙孟對子木曰：夫子之家事治。《國語》公父文伯之母曰：合家事於內朝。又《史記·趙奢傳》：受命之日不問家事。

宋葉夢得《岩下放言》：楚辭曰些。沈存中謂梵語薩縛阿三合之音，此非是。不知梵語何緣得通荊楚之間，此正方言各系其山川風氣使然，安可以義考。大抵古文多有卒語之詞，如螽斯羽詵詵兮，宜爾子孫振振兮。以兮為終，老子文亦多然。母也天只，不諒人只，以只為終。狂童之狂也且，椒聊且，遠條且，以且為終。唐棣之華，偏其反而，俟我於著乎而，充耳以素乎而，以而為終。既曰歸止，曷又懷止，以止為終。無不皆然。風俗所習，齊不可移之宋，鄭不可移之許。後世文體既變，不復論其終，為楚辭者類皆用些語，已誤。更欲窮其義，失之遠矣。

其餘見於《爾雅》者不可枚舉。

第二編

駁雜時代

第一章

春秋戰國

第一節　概論

　　先儒謂風之變也，匹夫匹婦得以諷刺。蓋《詩》〈國風〉所詠，
多係春秋時事，其美善刺惡，猶存三代之直道，與春秋一書之筆削，
無甚差異。至王跡熄而詩亡，詩亡而春秋作，王者之天下，變而為霸
者之天下，霸者之天下，變而為七雄之天下，覘世變者每不勝匪風下
泉之思焉。然春秋時猶尊禮重信，而七國則絕不言禮與信矣。春秋時
猶宗周王，而七國則絕不言王矣。春秋時猶嚴祭祀，重聘享，而七國
則無其事矣。春秋時猶論宗姓氏族，而七國則無一言及之矣。春秋時
猶宴會賦詩，而七國則不聞矣。春秋時猶有赴告策書，而七國則無有
矣。李康《運命論》所謂辨詐之偽，成於七國者也。蓋至七國時，文
武周公之禮樂刑政既蕩然掃地。攻伐爭鬥，較春秋尤甚。詐力權謀，
公行而無所諱憚。脫仁義道德之假相，而露出弱肉強食之真面目。英
雄豪傑，互相見於戰爭場裡，演極慘烈之活劇。諸侯自稱王號，各不
相下，周雖有其名，而天下早已無王矣。然則以春秋較諸戰國，猶覺
彼勝於此。今以《國風》證之：葛屨彼汾，見魏俗之勤儉而褊急。蟋
蟀山樞，見唐俗之勤儉而質樸。小戎無衣，見秦俗之尚武，而女子亦
知勤王。緇衣同車，見鄭俗之愛賢而好德，宛如好色。干旄之美下賢
也，羔裘之重司直也。伐檀之志不素餐也，素冠之思終喪人也，凱風
陟岵之慕孝子也，芄蘭之戒童子躐等也，揚之水之戒偏重外戚也，采
苓防有鵲巢之刺讒賊也，皆於世道人心大有關係，以視戰國之薄俗何
如哉！

第二節　階級制度之破壞

　　周代階級之制甚嚴，至孔子作春秋始譏世卿，武氏，任叔之子。以等貴族於平民。自是用人亦漸不拘資格，如楚舉申鮮虞於僕賃，晉舉屠蒯於庖廚，管仲之舉盜，晏子之舉囚，趙文子舉管庫之士，公叔文子舉家臣，是也。至於寧戚以飯牛歌干齊桓，其歌中有云：大臣在汝側，吾將與汝適楚國。已開戰國策士之漸焉。戰國則門閥之風蕩然掃地。或由匹夫而為將相，或朝貧賤而暮公侯，或起自刑餘，或出於盜藪。不論新舊，不問親疏，苟有奇才異能，雖仇必用，雖奸必薦。加之群雄割據方隅，各自掌握立法行政之權，故士之求顯頭角者，甲國不用，去而之乙國。或昨日為逃亡之覊旅，今日為榮譽之宰相，以左右其國大政。蓋一言論自由、思想自由之社會也。

第三節　義俠

　　昔太史公之傳游俠也，謂其言必信，其行必果，專以身趨人之急，或借交報仇而不矜其能，羞伐其德，實有足多。且引季次、原憲以為標準。蓋有慨乎其言之也。游俠之風，倡自春秋，盛於戰國。春秋之時，晉有公孫杵臼、程嬰，《史記·趙世家》：晉屠岸賈殺趙朔，滅其族。朔之妻為晉成公姊，匿於公宮，有遺腹子名武，屠岸賈百計欲索而殺之。朔之客公孫杵臼，與朔之友程嬰合謀，以死保趙氏孤兒。杵臼乃抱他人嬰兒為趙孤，誘屠岸賈殺死，趙氏真孤得以保全。後趙武卒族滅屠岸賈。畢陽；《晉語》：晉伯宗索士庇州犁得畢陽。及欒弗忌之難，諸大夫害伯宗，畢陽實送州犁於荊。秦有傿息、仲行、鍼虎；秦穆公卒，三良殉葬，國人哀之，為之賦黃鳥。歷代史家對於此事，未免懷疑。惟東坡詠秦穆公墓，本鄭箋自殺之

說，謂穆公生不誅孟明，豈死之日而忍用其良。乃知三良殉公，意亦如齊之二子從田橫云云。則三良亦義俠之士矣。吳有專諸，皆可謂已諾必誠，不愛其軀者。戰國時代，強力輕死之風尤甚，故任俠刺客如豫讓、要離、墨子、孟勝、徐弱、聶政、藺相如、信陵君、朱亥、毛遂、魯仲連、王蠋、虞卿、平原君、唐睢、縮高、荊軻、高漸離、田光、樊於期輩，皆先人後己，勇悍堅卓，其輕死重義之風操，若能盡軌於正，固可使社會上無不平之事也。

第四節　游說

　　春秋之世，各國多用客卿。如巫臣適吳以病楚，伍員強吳以入郢，晉用楚之亡臣，而聲子發楚材晉用之嘆，是也。若春秋之末至於戰國，則諸侯卿相皆爭養士。上自謀夫說客、談天雕龍、堅白異同之流，下至擊劍扛鼎、雞鳴狗盜之徒，莫不賓禮，靡衣玉食以館於上者，何可勝道。越王勾踐有君子六千人，魏無忌、齊田文、趙勝、黃歇、呂不韋皆有客三千人。而田文招致任俠奸人六萬家於薛，齊之稷下談者亦千人，魏文侯、燕昭王、燕太子丹皆致客無數。非以此自豪也，因當時競爭劇烈，惟以得人才為第一義。故苟有一技一藝之長，能利於國家者，則不論貴賤，不問親疏，皆招之為國家之顧問。就中有說士，有劍客，有力士，其種類雖不少，要皆留意於政治上。蓋評論政治之得失，為民間之政談家也。其能力可以裁決政務，及畫種種之計略，是故以賓禮待之，則常收非常之效。否則煽動民間，或去而益資敵國。因此一時說客勢力，轟震天下，隨處惟恐其奉養之不足。國君卿相以多致賢能之士為名譽。彼孟嘗、平原、信陵、春申諸君，

有賢公子之價值者，皆以說客之多購之也。

第五節　周末之學風

　　周室既衰，官失其職，官守之學術，一變而為師儒之學術。且階級既破，前此為貴族世官所壟斷之學問，一舉而散諸民間。其傳播也最速，其發達也更捷。蓋當時言論自由，九流百家，各具有堅苦獨行之力，精深奧瑋之論，毅然自行其志，思立教以範圍天下。孔子為諸子之卓，遂創立儒教，以集其大成。教為儒教，則其書自為儒書，猶今稱二教書為佛典道藏也。故後漢時王充著《論衡》，猶以六經傳記為儒書。孔子之沒也，儒書大行於齊魯之間，魯人皆從儒教，而齊之民間亦傳習之。如今之信教自由，不能禁止，然齊人猶有忌之者。《春秋》哀二十一年傳：公及齊侯邾子盟於顧，齊人責稽首，因歌之曰：魯人之皋，數年不覺，使我高蹈，惟其儒書。以為二國憂，蓋忌之之辭也。自春秋之末至於戰國，諸子創教，互相攻擊，而攻儒尤甚。如春秋時叔孫武叔、微生畝、荷蕢、接輿、長沮、桀溺、丈人之攻儒，均見於《論語》。若楚子西沮昭王書社之封，齊晏子諫景公以尼溪田封孔子。二事見《史記·孔子世家》。子桑伯子之答門人曰：其質美而文繁，吾欲說而去其文，《說苑·修文篇》。尤其彰彰者也。戰國則墨子攻儒，以久喪厚葬為第一義。見《墨子·非儒篇》，《淮南子·泛論訓》。孟子將行道而有臧倉之沮、尹士之譏。滕之父兄百官，皆不欲從孟子三年喪服之制。許行欲以並耕之道勝孟子，好事者至誣孔子於衛主癰疽，於齊主侍人瘠環。莊子、商君、鄒衍、尹文子攻儒尤力，然於孔子之教無損也。但當時九流百家既各抱宗旨，自必有一得

之長，雖孔子之教不能掩之。此墨子所以竟與孔子中分天下，而班氏《藝文志》亦謂九流為六經之支與流裔，不能廢也。然則周末之學界，已呈光明燦爛之景象矣。

第六節　周末人民之程度

（甲）民德。齊民貪粗而好勇，楚民輕果而賊，越民愚疾而垢，秦民貪戾而罔事，齊晉之民諂諛欺詐巧佞而好利，燕民愚戇而好貞，輕疾而易死，宋民簡易而好正。《管子・水地篇》。秦國之俗，貪很強力，可威以刑而不可化以善，可勸以賞而不可厲以名。《淮南子・要略訓》。此其大較也。又賈生之論秦俗曰：（商君遺禮義，棄仁恩，並心於進取。行之數歲，秦俗日敗。故秦人家富子壯則出分，家貧子壯則出贅。借父耰鋤，慮有德色，母取箕帚，立而誶語，抱哺其子，與公並倨。婦姑不相說，則反唇而相稽。）嗚呼，即賈生此言，可以代表戰國之民德矣。惡直丑正，各國皆同。如齊之國子，晉之伯宗，皆以好直言而不見容，是也。貪縱奢侈之風，由士大夫倡之，如晉欒黶、羊舌鮒、齊慶封、鄭伯有、齊子旗、子良等，民間大受其影響。故人皆求富，而子文逃之。富人之所欲，而晏子弗受。鄭伯張則謂貴而能貧，晉郤缺則思賤而有恥。子產治鄭，予忠儉而斃泰侈者，亦欲以挽斯弊也。

淫亂無恥，以鄭衛為最，陳次之，各國亦不甚相遠。考之《詩・國風》，衛俗之淫亂，至於男女相約，俟於城隅。婚姻動懷，遠其父母。鄭俗之淫亂，至於遵大路而攬人袪，相輕薄而謂為子都。《狂且狡童章》：子不我思，豈無他人。《東門章》：豈不爾思，子不我即。

其穢褻已全神如繪。陳俗之淫亂，至於女不續麻，而赴男女歌舞之會。謂所私為予美姣人，而不勝其愛，惟恐其或間。女之思男，有時寤寐無為，涕泗滂沱。嗚呼，何其無恥之甚也。及以《春秋》考之，而知其淫亂無恥，固皆自上倡之。蓋春秋之世，男女雜亂，怪狀百出。有上淫者，桓十六年傳：衛宣烝其庶母夷姜。莊二十八年傳：晉獻烝其庶母齊姜。僖十五年傳：晉惠公烝其庶母賈君。宣三年傳：鄭文公報其叔母陳媯。成七年傳：楚襄老之子黑要烝其母夏姬。有奪子婦者，桓十六年傳：衛宣為其子伋娶於齊，而自取之。昭二十八年傳：楚平王為其子建娶於秦而自取之。有奪昆弟之妻者，文七年，魯穆伯為襄仲聘己氏而自取之。有易內而飲酒者，襄二十八年傳：慶封與盧蒲嫳。有彼此通室者，昭二十八年傳：晉祁勝與鄔臧。有妻好淫而夫縱之者，桓十八年傳：桓送文姜與齊襄。定十四年傳：衛侯為夫人南子召宋朝。有兄弟姊妹相亂者，齊桓之於文姜。有欲奪人妻而先滅人國，因奪人妻而自殺其身者，莊十四年傳：楚文王滅息取息媯。襄二十二年傳：鄭游販將如晉，而以奪妻見殺。有君臣同淫一婦者，陳靈。以及周襄王狄後與夫弟叔帶通，僖二十四年傳。魯莊公哀姜與夫弟慶父通，閔二年傳。齊聲孟子與大夫慶克通，成十七年傳。魯穆姜與大夫叔孫僑如通，成十六年傳。晉驪姬與優人通，《國語》。魯季公鳥之妻與饔人通，昭二十五年傳。晉欒桓子之妻與室老通。襄二十一年傳。上自王家，下及士大夫家，內室穢亂，毫不為怪。於是庶子烝母，孫烝祖母，及以兄嫂為妻，竟出自國人之贊成。閔二年傳：齊人強招伯（即頑）蒸於宣姜。文十六年傳；宋人奉公子鮑以因其祖母襄夫人。哀十一年傳：衛大叔疾出奔，衛人立其弟遺，使室其妻孔姞。此時之人民，更烏知世間上有所謂廉恥者乎？上有好者下必有甚，無怪民人之淫亂也。或謂中國人民之所以淫亂，實由於男女之界太嚴，女子不常與賓客交

際，故男子以得見女子為異數。且女學未興，女子殆無知識，男子因視女子為消磨塊壘，活動精神之一物。所以男女之界益嚴，而淫亂愈甚。方今歐美文明之國，女學盛興，男女相近，毫不為異。且以女子充男學堂教師，充病院看護婦，充郵便、火車、工場、商店、旅館、浴堂等之委員、司事、寫生、傭工，朝夕與男子接近，而犯姦凶殺之事絕少。雖其男子程度較中國為高，亦所以開放之者有術也。彼越王句踐，輸淫佚過犯之寡婦於山上，士有憂思者，令遊山上以喜其意。《吳越春秋》。固與漢高、淮南之鼓舞英雄同一手段，漢高祖待英布，帷帳宮室擬於王者。淮南王異國中民家有女者，以待游士而娶之。而誨淫實甚焉。然則發達女學，其禁淫之本務矣。

（乙）輿論。輿論莫備於詩。詩人之刺惡，雖以國君貴族之勢力，亦言之無所諱忌。斯真三代之直道，中流之砥柱也。若夫惡執政之非時興作，而有澤門之謳。左襄十七年傳：宋皇國父為大宰，為平公築台，妨於農收，子罕請俟農功之畢，公弗許。築者謳曰：澤門之晳，實興我役，邑中之黔，實慰我心。惡賁軍之將而有於思之歌，朱儒之誦。左宣二年傳：鄭伐宋，宋師敗績，囚華元，宋人贖華元於鄭。後宋城，華元為植巡功。城者謳曰：睅其目，皤其腹，棄甲而復，于思于思，棄甲復來。思音腮。左襄四年傳：邾人莒人伐鄫，臧紇救鄫。侵邾，敗於狐駘。國人誦之曰：臧之狐裘，敗我於狐駘。我君小子，朱儒是使。朱儒朱儒，使我敗於邾。孔子治魯，而羔裘章甫，前後異辭。子產治鄭，而孰殺誰嗣，毀譽迭至。《家語》：孔子始用於魯，魯人鷖誦之曰：麛裘而鞸，投之無戾。鞸之麛裘，投之無郵。及三月政成，化既行，又誦之曰：袞衣章甫，實獲我所。章甫袞衣，惠我無私。左襄三十年傳：鄭子產從政一年，輿人誦之曰：取我衣冠而褚之，

取我田疇而伍之。孰殺子產，吾其與之。及三年又誦之曰：我有子弟，子產誨之。我有田疇，子產殖之。子產而死，誰其嗣之。亦足見輿論之一斑矣。鄭國之輿論集於鄉校。子產不毀鄉校，與人民以議政之權，其卓識為何如哉。戰國時說客實為輿論之代表，故民間輿論，無可表見焉。

（丙）憂國愛國。園桃憂小國之無政，黍離憫周室之顛覆。匪風瞻周道，嘆天下之無王。下泉念周京，傷天下之無霸。此非可泣可歌之詩乎。公山不狃曰：君子違不適仇國，所托也則隱。此非仁人君子之言乎。考春秋亡國五十二，其間仁人義士不少，而能復國仇者，惟遂之因氏、領氏、工婁氏、須遂氏及申包胥而已。然遂之四氏僅能殲齊戍，無補於遂國之亡。而包胥則能使楚國亡而復存，其堅苦卓絕一片熱誠，固春秋時之不可多得者。宋儒王伯厚氏以比張子房，洵不誣也。至於盟向之民不肯歸鄭，桓七年傳。陽樊之民不肯從晉，僖廿五年。事雖未成，志足悲已。戰國則魯仲連、王蠋、荊卿、燕太子丹輩，尤具愛國之熱誠。至楚懷王入秦不反，楚人憐之，乃有三戶亡秦之說。《史記·項羽本紀》范增說項羽，言故楚南公曰：楚雖三戶，亡秦必楚。孔穎達正義：三戶津在相州滏陽縣界。屈子以讒見黜，仍惓惓於楚國，所作《離騷》，憂國愛國之心溢於言表，悱惻動人。影響所及，流風所被，不可消滅。所以秦僅二世而覆，秦之師竟發起於楚人也。

第七節　婚姻廢禮及春秋時變禮之始

《鄭風·豐兮篇》序：刺，亂也。鄭國衰亂，婚姻禮廢，有男親迎而女不從者，已而悔之，思復從之，其失在女子也。《陳風·東門之楊篇》序略同。《齊風·俟著篇》：朱子謂齊俗不親迎，故女至婿

門始見其佚已也。《唐風・綢繆篇》：朱子謂國亂民貧，婚姻失時。《御纂詩義》：折中，憫貧也。國亂民貧，婚姻不能備禮。然則婚禮之廢也，非一日矣。是故先配而後祖，則有鄭公子忽。左隱八年傳。私約私奔，則有魯莊公之從孟任，莊三十二年傳。魯泉邱人女之奔孟僖子，左昭十一年傳。郠陽封人女之奔楚平王，左昭十九年傳。聲伯之母無媒禮，叔姬之嫁以強從，左宣五年春，公如齊，高固使齊侯止公，請叔姬焉。高固以齊之大夫強與魯成婚也。宣公勉從其請，後高固來逆。諸如此類，不可枚舉。甚至奪人之妻，而轉嫁他人。左成十一年傳：聲伯之母不聘。穆姜曰：吾不以妾為姒，生聲伯而出之，嫁於齊管於奚，生二子而寡，以歸聲伯。聲伯嫁其外妹於施孝叔。晉郤犫來聘，求婦於聲伯，聲伯奪施氏婦以與之。主張人之出其妻，而妻以己女，左哀十一年傳：衛大叔疾初娶於宋子朝，子朝出，孔文子使疾出其妻而妻之。其無禮極矣。然鄭徐吾犯之妹與楚季芊，尚不失為自由結婚，左昭元年傳：鄭徐吾犯之妹美，公孫楚聘之矣。公孫黑又使強委禽焉，犯懼，告子產。子產曰：惟所欲與。犯請於二子，請使女擇焉。子晳子南先後至，女自房觀之曰：子晳信美矣，抑子南夫也，適子南氏，子南即公孫楚。定公五年楚子入於郢傳：王將嫁季　，季辭曰：所以為女子，遠丈夫也，鍾建負我矣，以妻鍾建。定四年吳入郢傳：王奔郢，鍾建負季　以從。固文明國所不禁者。

《禮記》孔氏之不喪出母，自子思始也。士之有誄，自縣賁父、卜國始也。郕妻復之以矢，蓋自戰於井陘始也。魯婦人之髽而吊也，自敗於狐駘始也。帷殯非古也，自敬姜之哭穆伯始也。廟有二主，自桓公始也。喪慈母，自魯昭公始也。下殤用棺衣，自史佚始也。庭燎之百，由齊桓公始也。大夫之奏肆夏，由趙文子始也。大夫強而君殺

之，義也，由三桓始也。公廟之設於私家，非禮也，由三桓始也。元冠紫緌，自魯桓公始也。朝服之縞也，自季康子始也。夫人之不命於天子，自魯昭公始也。宦於大夫者之為之服也，自管仲始也。皆記變禮之始。《左傳》隱五年：始用六佾。僖三十三年，晉於是始墨。成二年始厚葬，始用殉。襄四年，魯於是乎始髻。襄十一年，魏絳於是乎始有金石之樂。昭十年，始用人於亳社。定八年，魯於是乎始尚羔。亦記禮之始變也。又《禮坊記》以此坊民，諸侯猶有薨而不葬者。以此坊民，魯春秋猶去夫人之姓曰吳，其死曰孟子卒。以此坊民，陽侯猶殺穆侯而竊其夫人，故大饗廢夫人之禮。以此坊民，民猶淫佚而亂於族。以此坊民，婦猶有不至者，則嘆息於禮之所由變所由廢焉。孔子惡始作俑者，以始之不謹，末流不勝其弊也。

第八節　淫祀漸興

　　春秋以降，陰陽家言，風靡一世。其別有五：曰天道，曰鬼神，曰災祥，曰卜筮，曰夢。而鬼神之說尤盛。以故淫祀漸興，如鍾巫、岡山、煬宮、實沈、台駘、次睢之社等，不可枚舉。禆灶、梓慎之流，大揚其波。雖有孔子子產之力持正論，不足以辟之也。嗚呼！此秦漢方士之所由來歟。

第九節　諺語見道

　　「雖鞭之長不及馬腹」，左宣十五年晉伯宗引古語。欲人之自量也。「雖有絜瓶之知，守不假器」，左昭七年，魯謝息引人言。欲人之慎所守

也。「匹夫無罪，懷璧其罪」，左桓十年虞叔引。戒人之貪財也。「室於怒，市於色」，左昭二十五年楚令尹子瑕引。戒人之遷怒也。「輔車相依，脣亡齒寒」，僖五年虞臣宮之奇引。戒人之無團體也。「高下在心，川澤納污，山藪藏疾，瑾瑜匿瑕，國君含垢」，左宣十五年晉伯宗引。望人之恢宏度量也。「無過亂門」，左昭十八年鄭子產引。惡人之作亂，教人之遠亂也。「庇焉而縱尋斧」，左文七年宋樂豫引。欲人之慎重恩怨也。「牽牛以蹊人之田而奪之牛」，左宣十五年楚申叔時引。「欲人之不為已甚也。畏首畏尾，身其餘幾」，左文十七年鄭子家引。戒人之柔懦退縮，所以喚起冒險精神也。「心苟無瑕，何恤乎無家」，左閔元年晉士蒍引。欲人正其心術也。「其父析薪，其子弗克負荷」，左昭七年晉韓宣子引。戒人之不修先業也。「狼子野心」，左宣四年楚令尹子文引。喻小兒之不可教，即荀子性惡之說也。「鹿死不擇音」，音即蔭字，左文十七年鄭子家引。欲人之輕死，蓋畏死者則必多所擇而遲回也。「山有木工則度之，賓有禮主則擇之」，左隱十一年魯羽父引。言賓之不能侵主權也。「獸惡其網，民怨其上」，《國語》單襄公引。言上無道則招民怨也。「眾心成城，眾口鑠金」，《國語》伶州鳩引。言眾怒難犯，人言可畏也。「狐狸之而狐挖之」，《國語》。言反覆無常也。「從善如登，從惡如崩」，《國語》衛彪傒引。言為惡易為善難也。「生相憐，死相捐」，《列子·楊朱篇》引。欲人之不背死亡也。「人不婚宦，情欲失半，人不衣食，君臣道息」。《列子》引。蓋以為無婚宦二事，不過流於枯槁，若衣食絕不可無。衣食可無，則不必有君以制治，有臣以佐治，人類同於草木，不久將歸於漸滅也。「寧為雞口，無為牛後」，《戰國策》蘇秦說韓引。戒人之無志進取，而勸人發憤為雄也。「削株掘根，無與禍鄰，禍乃不存」，《戰國策》張儀說秦引。欲人早斷禍根也。

第十節　隱語之起原

隱語始於春秋麥麴鞠窮之語，宣十二年傳。及首山庚癸之呼。哀十三年傳。至齊威王之喜隱，淳于髡以隱說之。見《史記·滑稽傳》。即後世之所謂謎。許氏《說文》：謎，隱語也。演《繁露》古無謎字。若其意制，即伍舉、東方朔謂之隱者是也。至《鮑照集》則有井謎矣。《文心雕龍》自魏代以來，頗非俳優而君子隱，化為謎語。謎也者，回互其辭使昏迷也。然則謎自週末已有，不過至今日而俗間盛行耳。

第二章

兩漢

第一節　概論

　　以後人述古代風俗，不如當時人自述之切也。漢人自述當時風俗，以《史記·貨殖傳》為最確。《漢書·地理志》微有增益，然究不離《史記》範圍。今摘〈貨殖傳〉，而以班志之增益者附下。

　　關中自汧雍以東至河華，膏壤沃野千里，有虞夏之貢以為上田。而公劉遷邠，大王、王季在岐，文王作豐，武王治鎬，故其民猶有先王之遺風，好稼穡，治五穀。地重，重為邪。及秦文孝繆，居雍隙，隴蜀之貨物而多賈。獻孝公徙櫟邑，北卻戎翟，東通三晉，亦多大賈。武昭治咸陽，因以漢都諸陵，四方輻湊，並至而會，地小人眾，故其人益玩巧而事末也。（班志，漢興立都長安，徙齊諸田、楚昭、屈、景及諸功臣家於長陵。後世世徙吏二千石、高貲富人、及豪桀並兼之家於諸陵。是故五方雜厝，風俗不純。其世家則好禮文，富人則商賈為利，豪桀則任俠通姦。瀕南山近夏陽，多阻險輕薄，易為盜賊，常為天下劇。又郡國輻湊，浮食者多，列侯貴人，車服僭上，眾庶仿效，羞不相及。嫁娶尤崇侈靡，送死過度。天水、隴西山多林木，民以板為室屋。及安定、北地、上郡皆迫近戎狄，修習戰備，高尚氣力，以射獵為先。民俗質木，不恥寇盜。巴蜀、廣漢本南夷，秦並以為郡。民食稻魚，亡凶年憂，俗不愁苦，而輕易淫佚，柔弱褊阨。景武間文翁為蜀守，教民讀書法令未能，反以好文刺譏，貴慕權勢。及司馬相如遊宦京師諸侯，以文辭顯於世，鄉黨慕循其跡。後有王褒、嚴遵、揚雄之徒，文章冠天下，由文翁倡其教，相如為之師，故孔子曰有教亡類）。

夫三河河東、河內、河南。在天下之中若鼎足，王者所更居也。建國各數百千歲，土地小狹，人民眾，都國諸侯所聚會。故其俗纖嗇儉事。（班志：河內既遠唐叔之風，而紂之化猶存。故俗剛強多豪桀，侵奪薄恩禮，好生分。周人之失，巧偽趨利，貴財賤義，高富下貧。喜為商賈，不好仕宦。鄭土陿而險，山居谷汲，男女亟聚會，故其俗淫。）

　　種代石北也，地邊胡，數被寇，人民矜懻忮，好氣任俠為奸，不事農商。其民羯羠不均，自全晉之時固已患其慓悍，而趙武靈王益勵之，其謠俗猶有趙之風也。中山地薄人眾，猶有沙邱紂淫地餘民，民俗懁急，仰機利而食。丈夫相聚遊戲，悲歌慷慨，起則相隨椎剽，休則掘冢作巧奸冶，多美物為倡優。女子則鼓鳴瑟跕屣，游媚貴富，入後宮遍諸侯。（班志：太原、上黨又多晉公族子孫，以詐力相傾，矜誇功名，報仇過直，剛也。嫁取送死奢靡，漢興號為難治，常擇嚴猛之將，或任殺伐為威。父兄被誅，子弟怨憤，至告訐刺史二千石，或報殺其親屬。定襄、雲中、五原其民鄙樸，少禮文，好射獵。）

　　鄭衛與趙相類，然近梁魯，微重而矜節。濮上之邑徙野王，野王好氣任俠，衛之風也。（班志：衛地有桑間濮上之阻，男女亦亟聚會，聲色生焉，故俗稱鄭衛之音。周末有子路、夏育，民人慕之。故其俗剛武，上氣力。宣帝時韓延壽為東郡太守，承聖恩，崇禮義，尊諫諍，至今東郡號善為吏，延壽之化也。其失頗奢靡，嫁娶送死過度。）

　　夫燕亦勃碣之間一都會也，人民稀，數被寇，大與趙代俗類，而

民凋悍少慮。（班志：初燕太子丹賓養勇士，不愛後宮美女，民化以為俗，至今猶然。賓客相過，以婦侍宿。嫁娶之夕，男女無別，反以為榮。其俗輕薄無威，亦有所長，敢於急人，燕丹遺風也。）臨淄亦海岱之間一都會也，其俗寬緩闊達，而足智好議論，地重，難動搖。怯於眾斗，勇於持刺，故多劫人者，大國之風也。（班志：管仲身在陪臣，而取三歸。三姓之女。故其俗彌侈，其士多好經術，矜功名。其失誇奢朋黨，言與行繆，虛詐不情。急之則離散，緩之則放縱。始桓公兄襄公淫亂，姑姊妹不嫁，於是令國中民家長女不得嫁，名曰巫兒。為家主祠，嫁者不利其家，民至今以為俗。）其中具五民，而鄒、魯濱洙泗，猶有周公遺風。俗好儒備於禮，故其民齷齪儉嗇，畏罪違邪。及其衰，好賈趨利，甚於周人。（班志：喪祭之禮，文備實寡，然其好學猶愈於俗。）

夫自鴻溝以東，芒碭以北，屬巨野，此梁宋也。其俗猶有先王遺風，重厚多君子，雖無山川之饒，能惡衣食，致其畜藏。（班志：沛楚之失，急疾顓己，地薄民貧，而山陽為姦盜。）

以上北方風俗

越楚則有三俗。夫自淮北、沛陳、汝南、南郡，此西楚也。其俗剽輕易發怒，地薄，寡於積聚。江陵故郢都，西通巫巴，東有雲夢之饒。陳在楚夏之交，通魚鹽之貨，其民清刻矜己諾。

彭城以東，東海、吳廣陵，此東楚也。其俗類徐僮。朐繒以北，俗則齊浙。江南則越。夫吳自闔廬、春申、王濞三人招致天下之喜遊子弟，亦江東一都會也。

衡山、九江、江南、豫章、長沙，是南楚也。其俗大類西楚，與閩中、於越雜俗。故南楚好辭，巧說少信。江南卑濕，丈夫早夭。（班志：始楚賢臣屈原作離騷諸賦，以自傷悼。後有宋玉、唐勒之屬，慕而述之，皆以顯名。至漢有枚乘、鄒陽、嚴夫子之徒，興於文景之際。而淮南王安，亦都壽春，招賓客著書。而吳有嚴助、朱買臣貴顯。漢朝文辭並發，故世傳楚辭。其失巧而少信。初，淮南王安異國中民家有女者，以待游士而妻之，故至今多女而少男。）

九嶷、蒼梧以南至儋耳，與江南大同俗，而楊越多焉。番禺亦其一都會也。

穎川、南陽，夏人之居也。夏人政尚忠樸，猶有先王之遺風。穎川敦願，秦末世遷不軌之民於南陽，其俗雜好事，業多賈。

以上南方風俗

此漢代風俗之大略也。惟西漢重勢利，東漢多氣節，又為談當時風俗者所不可不知。

第二節　飲食

漢人飲食，除穀類茶酒外，尚有粽、《續齊諧記》謂始於光武。餅、《續漢書》：靈帝作麻餅。饅頭、《事物紀原》謂始於諸葛亮。麵粉《學齋呫嗶》：王莽始有啖麵之文。之屬，以供小餐。其普通製作飲食之法，率以鹽豉、見宋玉《九辯》大苦鹹酸注，及《史記‧貨殖傳》、《前漢‧食貨志》。醋《漢武內傳》，但醋作酢。佐其烹調。蜜及蔗汁蜜見《漢武內傳》：

蔗亦作柘。柘漿見宋玉《大招》，前漢郊祀歌。柘漿析朝醒。助其滋味。其香料，除姜桂外，多用蒜荽及脂麻。張騫使西域，得來荽，香菜也。其製作肉食，別有燒割之一法。劉熙《釋名》：貊炙全體炙之，各自以刀割食，是也。喜食犬，故屠狗之事，豪傑亦為之。嗜酒之風太甚，高祖初定天下，廷臣飲酒爭功，高祖頗為厭之。武帝乃榷酒酤，昭帝罷之，猶令民得以律占租賣酒，升四錢。遂以為利國之一孔。而酒禁之弛，實濫觴於此。孝宣以後，時禁時開。以嚴其禁。然未幾而禁弛，群飲之風如故。求如邴原之遊學，未嘗飲酒，既不可多得。求如諸葛武侯之治蜀，路無醉人，尤難數覯云。

第三節　衣服

　　《漢書·五行志》曰：風俗狂慢，變節易度，則為剽輕奇怪之服，故有服妖。王符《潛夫論·浮侈篇》曰：「昔孝文皇帝躬衣弋綈，《漢書音義》：弋，厚也。綈，繒也。革舄韋帶。而今京師貴戚衣服、飲食、車輿、廬第奢過王制，固亦甚矣。且其徒御僕妾皆服文組彩牒，《後漢書注》：即今疊布也。錦繡綺紈。葛子升越，箈中女布，《說文》曰：綺，文繒也。前書曰：齊俗作冰紈。子，細稱也。沈懷遠《南越志》曰：蕉布之品有三：有蕉布，有竹子布，又有葛焉。揚雄《蜀都賦》曰：布則蜘蛛作絲，不可見風。箈中黃潤，一端數金。《荊州記》曰：秭歸縣室多幽閒，其女盡織布，至數十升。今永州俗猶呼貢布為女子布也。犀象珠玉，琥珀玳瑁，石山隱飾，金銀錯鏤，石山，謂隱起為石山之文也。窮極麗美，轉相誇吒。」可知當日衣服之好尚矣。然漢末王公名士多委王服，以幅巾為雅。沈約《宋書·禮志》。今觀鄭康成、韋彪、馮衍、鮑永、周

磐、符融及逸民韓康等傳可知。蓋輕視冠冕，以灑脫為高，不但開陶靖節角巾之一派，亦魏晉清談輕脫之雛影也。

衣服之材料，多用布綾。《西京雜記》。羅、《地理志》及郭憲《洞冥記》。紗段繒、《蔡邕傳》。絹、葛麻、錦繡冠之類。有幘、蔡邕《獨斷》及《後漢·輿服志》。有帽、劉熙《釋名》。有布巾，《急就篇》：古者士夫有冠無巾，惟庶人有之。婦人則有冠子。《事物原始》。衣之類有汗衫、《中華古今注》。有襖、《物原》。有襖肚。《古今注》：始漢光武帝。裳之類有袴褶、《輿服雜事》：始漢武時。有袴、明張萱《疑耀》：古人褲皆無襠，褲之有襠，起自漢昭帝。有抱腹。劉熙《釋名》：抱腹上下有帶，抱裹其服上無襠者也。屨之類有履、有舄、有不借、草履也。有伏虎頭鞋。《中華古今注》。婦人之首飾，有五采通草花、《物原》：呂后製。有面花。《酉陽雜俎》：昭帝時製。而裋褐則為賤者之衣。《漢書·貢禹傳》顏注：裋者，謂童豎所著布衣襦。褐，毛布之衣也。襐衣則為廚人之服。《中華古今注》：廚人襐衣，廝徒之服也。取其便於用耳，乘輿進食者或服之。董偃綠幘青襦，加襐衣見武帝，廚人服也。餘均與秦以上同。

第四節　仕宦之一斑

漢人勢利頗重，權倖交橫，人輕犯法，仕途溷雜，行私罔上，詐偽相傾。觀元帝時貢禹奏言風俗，略謂：「武帝縱嗜欲，用度不足。乃行一切之變，使犯法者贖罪，入穀者補吏。是以天下誇侈，官亂民貧，盜賊並起，亡命者眾。郡國恐伏其誅，則擇便巧史書，習於計簿，能欺上府者以為右職。奸宄不勝，則取勇猛能操切百姓者，以苛暴威服。下者使居上位，故亡義而有財者顯於世，欺慢而善書者尊於

朝，詐逆而勇猛者居於官。故俗皆曰：何以孝弟為，財多而光榮。何以禮義為，史書而仕宦。何以謹慎為，勇猛而臨官。故黥劓而髠鉗者，猶復攘臂為政於世。行雖犬彘，家富勢足，目指氣使，是為賢耳。故謂居官而置富者為雄桀，處姦而得利者為壯士。兄勸其弟，父勉其子，俗之敗壞，乃至於是。察其所以然者，皆以犯法得贖罪，求士不得真賢。相守崇財利，誅不行之所致也。」仲長統《昌言》有曰：豪人貨殖，樂過封君，勢侔守令。財賂自營，犯法不坐。及《史記‧貨殖傳》謂自廊廟朝廷岩穴之士，無不歸於富厚，等而下之，至於吏士舞文弄法，刻章偽書，不避刀鋸之誅者，沒於賂遺。《平準書》甚言捐納之濫，可以見矣。

第五節　任俠刺客

　　自戰國豫讓、聶政、荊軻、侯嬴之徒以意氣相尚，一意孤行，能為人所不敢為，世競慕之。漢初有田橫之客五百人，及貫高、田叔、朱家、郭解輩，徇人刻己，然諾不欺以立名節。而灌夫、汲黯、鄭當時、朱雲、樓護、陳遵等，並以喜任俠稱。馴至東漢，其風益盛。杜季良葆豪俠好義，憂人之憂，樂人之樂，清濁無所失。父喪致客，數郡畢至。雖馬文淵援亦愛之重之。而耿弇父況，至以俠游為字。袁術、董卓、段穎、賈淑、李固之子燮等，亦好任俠。可想見當日之習尚矣。時尤慕荊軻之風，公孫述曾遣刺客，制來歙、岑彭之死命。馬文淵之對光武有云：臣今遠來，陛下安知非刺客？而誕易若是，則以刺客之多，宜動色相戒也。且漢時薦舉徵辟，必采名譽，故凡可以得名者，必全力赴之。好為苟難，遂成習尚。其大概有數端：是時郡吏之

於太守，本有君臣名分，為掾吏者，往往周旋於死生患難之間。如李固被戮，弟子郭亮上書請收固屍。杜喬被戮，故掾楊匡守護其屍不去。由是皆顯名。固喬本傳。第五種為衛相，善門下掾孫斌。種以劾宦官單超兄子匡坐徙朔方。朔方太守董援，超外孫也。斌知種往必被害，乃追及種於途，格殺送吏，與種俱逃以脫其禍。後漢種傳。大原守劉瓆，以考殺小黃門趙津下獄死。王允為郡吏送瓆喪還平原，終三年乃歸。允傳。公孫瓚為郡吏，太守劉君坐事徙日南，瓚身送之。自祭父墓曰：昔為人子，今為人臣，送守日南，恐不得歸，便當長辭。乃再拜而去。瓚傳。此盡力於所事，以行其義俠者也。至若感知遇之恩而制服從厚，則有傅奕、李恂、樂恢、桓典、荀爽諸人。以讓爵為高，則有韋元成、鄧彪、劉愷、桓郁、丁鴻、郭賀、徐賀諸人。輕生報仇，則有何容、郅惲諸人。皆由任俠好氣，已成習尚。故志節之士，好為苟難，務欲絕出流輩，以成卓特之行，而不自知其非也。能舉世以此相高，故國家緩急之際，尚有可恃以支拄傾危。以視名節絕少之國，國亡而奄奄無生氣者，其相去直不可以道里計矣。

第六節　家法

蕭相國為家，不治垣屋，曰後世賢師吾儉，不賢毋為勢家所奪。《史記·蕭相國世家》。萬石君家以孝謹聞乎郡國。《前漢·石奮傳》。而疏廣之示子孫，有賢而多財則損其志，愚而多財則益其過之語，後世以為名言。馬援之以書戒姪也，令其效龍伯高之敦厚周慎，而勿效杜季良之豪俠好義。此等謹飭之論，是亦士大夫救正其子弟驕縱者之一法也。《後漢·黨錮傳》：范滂以黨錮逮捕，其母與之訣曰：汝今與

李杜齊名，死亦何恨。夫滂母一婦人女子耳，而能勵其子以忠義，以此見滂之成立有自，而又可徵當時風俗之厚也。若夫陳萬年為三公而教其子以諂，其無恥已達極點。《前漢書·陳萬年傳》：萬年始為郡吏，以高第至右扶風，內行修，然善事人。賂遺外戚許史，傾家自盡，竟代於定國為御史。病將死，召其子咸，教戒於床下，語至夜半。咸睡頭觸屏風，萬年怒，欲杖之。咸曰：具曉所言，大概教咸諂也。霍光不能治其家，後竟遭族滅之禍，《前漢·霍光傳》：光愛幸監奴馮子都，常與計事。及顯寡居，與子都亂。光子禹、兄孫雲山皆貴。雲山並繕治第宅，走馬馳逐平樂館。云當朝請，數稱病私出。多從賓客張圍獵黃山苑中。使蒼頭奴上朝請，莫敢譴者。而顯及諸女晝夜出入長信宮殿中，亡期度。宣帝自在民間，知霍氏尊盛日久，內不能善，顯欲貴其女，弒宣帝許皇后，光不忍發舉。光薨後語稍洩，後顯、禹、雲山與范明友、鄧廣漢謀廢立，事覺伏誅。顯，光之妻也。居家者可不戒哉。

第七節　分居

漢人以分居為惡俗，如太史公言：商君治秦，令民有二男以上不分異者，倍其賦。《史記·商君傳》。賈誼言：秦人家富子壯則出分，家貧子壯則出贅。前漢誼傳。班氏〈地理志〉云：河內薄恩禮，好生分；穎川好爭訟生分。黃霸韓延年化以為俗，皆以分居為國俗之敝也。漢桓帝之時，更相濫舉，時人為之語曰：舉秀才不知書，舉孝廉父別居。《抱朴子》。蔡邕與叔父從弟同居，三世不分財，鄉黨高其義。後漢邕傳。應劭《風俗通》所謂兄弟同居為上也。以分居為惡，同居為美，已成社會上普通之觀念。惟陸賈家於好畤，有五男，出所使越得橐中裝賣千金，分其子，子二百金，令其生產。不但可謂之

達，其卓識固有與今日生計學理相合者。蓋同居共財，最長子弟之倚賴性，子弟之衣食常仰給於父兄，遂至不能生利，而僅能分利。故有子弟益多，而父兄益困，父兄匱乏，而子弟因之以無賴者。誠使胥天下之父兄而主張同居共財，是將胥天下之子弟而為分利之人也。胥天下之父兄，因同居共財而困難，是將胥天下之子弟而歸於無賴也。豈非大戾於生計學理耶！若北魏裴植，雖自州送祿奉母及贍諸弟，而個別資財，同居異爨，一門數灶。唐姚崇遺令，以達官身後失蔭，多至貧寒。斗尺之間，參商是競，欲仿陸生之意，預為分定以絕其後爭。斯亦不慕同居共財之虛名，而務求切實者。

又按分居之俗，自來君主及士大夫皆不以為然。如唐肅宗、乾元元年四月詔。元宗、天寶元年正月敕。宋太祖、開寶元年六月詔、二年八月詔。太宗、淳化元年九月詔。真宗、大中祥符二年三月詔。遼聖宗統和元年十一月詔。皆下詔禁止或論罪。隋盧思道聘陳，以詩嘲南人，有「共瓿分炊飯，同鐺各煮魚」之句。唐李義山《雜纂》以父母在，索要分析為愚昧。宋劉安世劾章惇父在別籍異財，絕滅義理。馬亮為御史中丞，上言祖父未葬，不得別財異居。李元綱《厚德錄》。顧亭林痛斥江南之俗，人家兒子娶婦，輒求分異《日知錄》。是已。柴氏紹炳曰：「累世同居，自古為美談。如楊椿、張公藝、江州陳氏、浦江鄭氏之屬，並見旌異。而袁君《載獨》云：每見義居之家，交爭相疾，甚於路人，則甚美反成不美。故兄弟當分，宜早有所定。倘能相愛，雖異居異財，不害為孝義也。余謂一家內外大小，果能同心協力，自當以共居為善。倘其間未免參差，恐難強合而不相得，不如析箸為愈耳。至於父子別籍，若蔡京、蔡攸之各立門戶，是則惡孽之大者。」然則

分居未嘗不美，惟《三國志》所言冀州之俗，父子異部，更相毀譽。顧氏《日知錄》所言：江浙之俗，父子兄弟各樹黨援，兩不相下。萬曆以後，三數見之，則真惡俗也。

第八節　居鄉

　　漢士大夫居鄉，若召馴之德行恂恂，《後漢·召馴傳》：馴，字伯春，俶儻不拘小節，以志義聞鄉里，號曰德行恂恂召伯春。張湛之詳言正色，後漢張湛，矜嚴好禮，動止有則，及在鄉黨，詳言正色，三輔以為儀表。許劭之品題鄉黨人物，《後漢·許劭傳》：劭與從兄靖俱有高名，好共覈論鄉黨人物，每月輒更其品題，故汝南俗有月旦評焉。同郡袁紹，公族豪俠，去濮陽令歸，車徒甚盛，將入郡界，乃謝遣賓客，曰：吾輿服豈可令許子將見。遂以單車歸家。皇甫規之退污吏而進自好之士，《後漢·王符傳》：皇甫規為度遼將軍，解官歸安定。鄉人有以貨得雁門守者，書刺謁規，規臥不迎。既入而問：卿前在郡食雁美乎？有頃，鄉人王符至，規遽起，衣不及帶，屣履出迎。時人為之語曰：徒見二千石，不如一縫掖。王烈之化盜，《後漢·王烈傳》：烈字彥方，以義行稱。鄉里有盜牛者，主得之，曰刑戮是甘，乞不使王彥方知也。烈聞之，使遺布一端。後有老父遺劍於路，一人見而守之，老父還尋得劍，怪而問其姓名，以告烈，乃先盜牛者也。郭林宗之化凶德為善良，《後漢·賈淑傳》：郭林宗善人倫，而不為危言激論，故宦官擅政而不能傷。其居鄉遭母喪，鄉人賈淑，字子厚，雖世有冠冕，而性險惡，邑里所共患之者也，來修吊。既而鉅鹿孫威直亦至，威直以林宗賢而受惡人吊，心怪之，不進而去。林宗追而謝之，曰：賈子厚誠實凶德，然洗心向善，仲尼不逆互鄉，故吾許其進也。淑聞之，改過自厲，終成善士。鄉里有憂患者，淑輒傾身營救，為

閭里所稱。司馬均、陳寔、蔡衍之平爭訟,《後漢・賈逵傳》:東萊司馬均,字少賓,安貧好學,隱居教授,不應辟命,信誠行乎州里。鄉人有所訐爭,輒令視少賓,不直者終無敢言。視即盟誓也,言令於少賓之前發誓也。《陳寔傳》:寔在鄉里,平心率物,其有爭訟,輒求判正,曉譬曲直,退無怨者。《蔡衍傳》:衍以禮讓化鄉里,鄉里有爭訟者,詣衍決之,所平處皆曰無怨。有足多者。《後漢書・杜密傳》:密為北海相,去官還家,每謁守令,多所陳托。同郡劉勝亦自蜀郡告歸鄉里,閉門掃軌,無所干及。太守王昱謂密曰:劉季林清高士,公卿多舉之者。密知昱激己,對曰:劉勝位為大夫,見禮上賓,而知善不薦,聞惡無言,隱情惜己,自同寒蟬,此罪人也。今志義力行之賢而密達之,違道失節之士而密糾之,使明府賞刑得中,令聞休揚,不亦萬分之一乎?昱慚服。胡氏《讀史管見》曰:「如密之論,軒揚激發,固非常士所及。然勝之行深潛靜,退可為鄉里之式,若密者非惟患出位之譏,亦取禍辱之道也,遇王昱賢者能容之耳。」愚謂劉勝居鄉,猶效袁盎、張竦龍述;杜密居鄉,猶效陳遵、杜葆。為劉勝易,為杜密難。蓋惡直醜正之風,久行於世,劉勝之流,不失為鄉願伎倆,而偏與鄉里相宜,且居鄉而欲自見才具,遇事干涉,未免跡近武斷,常授訾議者以口實。杜密雖不至於武斷,而惡之者固多也。三代之盛治始於鄉,全恃一二賢有力者,集鄉人而謀地方自治。若人盡如劉勝,則社會之事,誰與肩任?明高忠憲答朱平涵居鄉書謂:「居廟堂之上,則憂其民,處江湖之遠,則憂其君。此士大夫實念也。居廟堂之上,無事不為我君;處江湖之遠,無事不為我民。此士大夫實事也。實念實事,凋三光,敝萬物而常存。」夫處江湖之遠而憂君為民,其不能如鄉願之流,一意沽鄉人之譽也,不待智者而知矣。劉勝者,乃規避取巧之徒,焉能比

杜密也。

第九節　鄉評

　　兩漢鄉舉里選，必先考其生平，《高帝紀》：遺詣相國府署行義年，謂書其平日為人之實跡。《昭帝紀》元鳳元年三月，賜郡國所選有行義者涿郡韓福等五人帛。《宣帝紀》：令郡國舉孝弟有行義聞於鄉里者各一人。武帝元朔五年，禮官勸學一詔，亦曰崇鄉里之化。一玷清議，終身不齒。君子有懷刑之懼，小人存恥格之風；教成於下而上不嚴，論定於鄉而民不犯。故韓信無行，不得推擇為吏。陳湯無節，不為州里所稱。主父偃學縱橫，諸儒排擯不容。李陵降匈奴，隴西士大夫以為愧。范滂少勵清節，為州里所服。蔡邕與叔父從弟同居，三世不分財，鄉黨高其義。東漢末葉，臧否人倫之風最盛。汝南有許劭月旦之評，遂以成俗。若曳白之徒，倩買文字，僥倖仕進，流俗亦恥之。故陽球奏罷鴻都文學畫像疏，至謂：「假手倩字，妖怪百出，有識掩口。」蓋公是公非，無所假借，斯固三代直道之僅存者也。

第十節　婚娶

　　嫁娶太早，尤崇侈靡，貧人不及，故多不舉子。並見《前漢·地理志》、《王吉傳》，及《後漢·王符傳》。舉行之時，大率以父主婚，《王吉傳》：翁主，顏注言其父主婚也。而有幕帷之俗，《通典》：東漢魏晉以來，時或艱虞，歲遇良吉，急於嫁娶，乃以紗穀蒙女首，而夫氏發之，因拜舅姑，便成婚禮，六禮俱廢。有撒帳之俗。《事物原始》：李夫人初至，帝迎入帳中

共坐，歡飲之後，預戒宮人遙撒五色同心花果，帝與夫人以衣裾盛之，云得果多，得子多也。結婚自由，司馬相如之於卓文君。離婚自由。朱買臣妻因貧求去。配合之時，不論行輩。漢惠帝后張氏，乃帝姊魯元公主之女，則帝之女甥也。哀帝后傅氏，乃帝祖母傅太后從弟之女，則外家諸姑也。又江都王建女細君，嫁烏孫昆莫，其孫岑陬欲尚之，武帝竟詔從其請。一夫多妻之制盛行，公侯之宮美女數百，卿士之家侍妾數十。仲長統《昌言》。重男輕女之風亦盛。宣帝時王吉上疏，至謂：「漢家列侯尚公主，諸侯則國人承翁主。吉傳晉灼曰：娶天子女曰尚公主，國人娶諸侯女曰承翁主。使男事女，夫詘於婦，為逆陰陽之位。」斯亦昧於敵體之義者矣。其時女子私夫不以為諱。如武帝之姊館陶公主寡居，寵董偃十餘年，武帝至主家呼偃為主人翁，後主竟與董偃合葬。《東方朔傳》。昭帝之姊安鄂邑蓋公主寡居，私通丁外人，帝與霍光聞之，不絕主歡，詔丁外人侍主，是也。桓寬《鹽鐵論》云：送死殫家，遣女滿車。此等事司馬遷、班固亦三致意焉。馬季長融謂嫁娶之禮儉，則婚者以時矣。喪祭之禮約，則終者掩藏矣。亦有心世道之言也。

第十一節　喪葬

自漢文短喪之詔下，而大臣不行三年喪，遂為成例。統計兩漢臣僚為父母服三年喪者甚少。鄧衍不服父喪，明帝聞之，雖薄其為人，然朝廷本無服喪定例，故亦不能以此罪之。其臣下丁憂，自願行服者，則上書自陳。有聽者，有不聽者，亦有暫聽而朝廷為之起復者。又因兩漢喪服無定制，聽人自為輕重，於是循名義者寧過無不及。除江華、東海王臻、原涉《遊俠傳》。銚期、韋彪、鮑昂、《鮑永傳》。袁

紹等之喪父母三年外，尚有為父及後母行六年服之薛包，《劉趙淳于傳》。為後母服喪三年之公孫宏，為舉主服喪三年之傅毅、荀爽、桓鸞，為郡將服喪三年之李洵、桓典、王允，以師喪持服之侯芭、馮胄，前漢戴德亦為朋友服喪三月。以期功喪去官之崔寔、韋義、楊仁、譙元、馬融、陳寔、戴封、賈逵焉。人未死之前，則有生壙。《趙岐傳》。既死之後，則有招魂，武帝於李夫人。有輓歌，田橫之客作薤露蒿里。有行狀，裴松之《三國志注》引用先賢行狀甚多。有堪輿相地吉凶。《漢書・藝文志》有堪輿金匱書十四卷。既葬之後，有碑文，歐陽修《集古錄》。有墓誌銘。《郭太傳》：蔡邕自謂為碑銘甚多。亦有自作碑文者，如趙嘉、傅奕、杜子夏是也。而墓上須種柏作祠堂，《龔勝傳》。祠堂之內常設影堂，顧亭林所謂屍禮廢而像事興者也。墦間之祭始於周人，而漢人亦尚墓祭。橋元之死，曹操感其知己，於寒食時，自為文以炙雞鬥酒祭於其墓。制文為寒食墓祭，始此。蓋漢人以宗廟之禮移於陵墓，有人臣而告事於陵者，蘇武。有因上冢而會宗族故人及郡邑之官者，樓護班伯。有上冢而大官為之供具者，董賢。有人主而臨人臣之墓者。光武於樊重，先主於霍峻。有贈諡而賜之於墓者，肅宗於陰興夫人。有庶人而祭古賢之墓者。《東征賦》民亦饗其邱墳。人情所趨，遂成風俗。其流弊，有如楊倫行喪於恭陵者矣。有如趙宣葬親而不閉埏隧，因居其中行服二十餘年者矣。至乃市井小人，相聚為宣陵孝子者數十人，《蔡邕傳》。皆除太子舍人。此其壞禮教之尤者也。當時厚葬之俗，係沿春秋列國之舊。至於引盜賊之發掘，雖帝王陵寢亦所不免。《漢書・王莽傳》：赤眉發掘園陵。《晉書・索綝傳》：建興中，盜發漢霸、杜二陵。案文帝霸陵、宣帝杜陵。劉更生向《諫起昌陵疏》所為痛陳厚葬之禍，而引吳闔閭、秦始皇以為戒也。若龔勝、張奐主張薄葬以免發掘，貢

禹、周磐、王符、趙咨皆深不以厚葬為然，楊王孫至裸葬以挽流俗。王孫答友人書：大概謂體魄無知，死欲速朽。趙咨與子書意同。其針砭當世，殊激切矣。漢成帝、明帝、和帝亦曾下詔禁民葬埋逾制。

第十二節　淫祀

古者祀典掌於秩宗。《周禮》春官一職，鼇然不紊。春秋以降，漸有淫祀。秦漢之際，方士說興，淫祀更不可究詰，觀史遷封禪一書可知矣。然《封禪書》之作，史遷具有深意，其終曰：無有驗，無有效，其心如揭也。貢禹、匡衡、韋元成、谷永力辟淫祀，漢之郊祀賴其駁奏，古制復存。然王莽末年，猶崇淫祀千七百所。應劭《風俗通・祀典篇》於淫祀及神怪禁忌之事多所指斥匡正。其〈正失篇〉又力斥漢武封禪延壽、王喬仙令、東方朔太白星精、淮南王安神仙、王陽能鑄黃金及天雨粟、日再中、虎渡河、馬生角等說為不經。王符《潛夫論》亦甚言巫祝祈禱之糜費無益。宋均則師西門豹，禁河伯娶婦之故智，殺巫以禁九江公嫗奉神之俗。第五倫則按論依託鬼神恐怖愚民者，以禁會稽之淫祀。議論之正，立禁之嚴，固皆有心世道者。然迷信既深，有朝禁而夕弛，此息而彼興者，毋亦民智未開之故耶。

第十三節　佛道

佛法之入震旦也，據別史所言，或謂秦時與寶利防等交通，西漢時從匈奴得金人，實為我國知有佛之嚆矢。真偽第弗深考，其見於正史信而有徵者，則東漢明帝永平十年西印度之攝摩、竺法蘭二師應詔

賫經典而至，於是佛之教義始東被。然我民族宗教迷信之念甚薄，不能受也。至桓帝始自信之，興平間，民間亦漸有信者。自此經三國以至六朝隋唐，遂為佛教極盛之時代。道者，老學之支流也。老學有二派：一丹鼎派，二符籙派。丹鼎派起於漢初，符籙派起於漢末，道教即符籙派也。順桓間，宮崇裏楷，始以于吉神書上於朝，後張角用其術以亂天下。同時張道陵亦傳此術，密相傳授，延至後世，仰為真人，奉為天師。自是南北朝士夫習五斗米道者五斗米，即張道陵教派之名。史不絕書。而寇謙之最顯於北，陶宏景最顯於南，六藝九流一切掃地，而此派獨滔滔披靡天下矣。

第十四節　奴婢

　　《說文》曰：奴婢，古之罪人。按《書》曰：予則奴戮汝。《論語》曰：箕子為之奴。即《周官》所謂罪隸之奴也。《春秋傳》曰：斐豹，隸也。著於丹書，請焚丹書，我殺督戎。恥為奴欲焚其籍也。神州舊俗，無所謂奴婢，有之乃從坐而沒入者耳。於戲！均產主義不復行於吾國，則人數中不能無奴婢一倫，吾滋痛爾。先王分土授田，一夫無失其所。當彼其時，事父兄者子弟也，事舅姑者子婦也。《周官》九職，臣妾聚斂疏材，質人掌民人之質劑，蓋役於士大夫之家，如後世所謂官奴耳。戰國秦漢以後，平民始得相買為奴。《漢書‧貨殖傳》：齊俗賤奴虜，而刁間獨愛貴之。桀黠奴，人之所患也，惟刁間收取，使之逐魚鹽之利，或連車騎，交守相。然愈益任之，終得其力，起家數十萬。又《高祖本紀》：五年夏五月，詔民以飢餓自賣為人奴婢者，皆免為庶人。然若漢制嚴賣人法，《後漢書‧世祖本紀》：建武七年五月，詔吏人遭飢亂及為青

徐賊所掠為奴婢下妻，欲去留者悉聽之，敢拘制不還，以賣人法從事。與唐律不許典貼良人男女作奴婢驅使，則猶欲從古之道。至若罪隸舂藁之屬，從坐沒入者，猶必恤愛之。是故漢制，有殺奴婢之禁，有灼炙奴婢之禁。《後漢書‧世祖本紀》建武十一年二月詔曰：天地之性人為貴，其殺奴婢不得減罪。八月詔曰：敢有灼炙奴婢論如律，免所灼者為庶人。其後立奴婢與庶人犯罪平等之律，建武十一年十月，詔除奴婢射傷人棄市律。又其後詔從沒者悉免為庶人。《後漢書‧孝安帝本紀》：永初四年二月，詔沒入官為奴婢者，免為庶人。嗚呼！吾漢世蓋儼然有釋奴之風矣。顧亭林曰：（士大夫之家所用僕役，今出貲雇募。）苟不由此，則對於奴婢苛虐既失之，寬縱亦失之。無已，則有取於袁氏之治家，《袁氏世范‧治家篇》言待奴婢最詳，多可取。然尚未去奴婢之名也。吾知他日世界進化，對於奴婢必有兩事，一在實行一妻之制，而先之以唐甄之去奴婢，唐甄《潛書》有去奴婢一篇，言去閹也。則庶幾近古之風，而不須別立禁制也。

第十五節　詩歌

漢人以三百五篇當諫書，《前漢‧王式傳》。又自孝武立樂府而采歌謠，於是有代趙之謳，秦楚之風。皆感於哀樂，緣事而發，亦可以觀風俗知厚薄焉。《前漢‧藝文志》詩歌類。雖然，賦亦古詩之流也。故當時言語侍從之臣，若司馬相如、虞邱壽王、東方朔、枚皋、王褒、劉向之倫，皆朝夕論思，日月獻納。而公卿大臣兒寬、孔臧、董仲舒、劉德、蕭望之等，時時間作，或以抒下情而通諷諭，或以宣上德而著忠孝，班固《兩都賦序》。其作用與今之報紙等以予所聞。東方

朔不失為主文譎諫，相如、揚雄則常以貢媚獻諛為事。班固《兩都》、張衡《兩京》，庶乎諷諫切至者。又徒歌為謠，若翟方進壞陂之謠，前漢本傳。趙飛燕張公子之謠，前漢外戚傳。及桓靈時之童謠，後漢本紀。或刺政貪，或言黨禍，或指中常侍之亂，皆係實錄，足以警戒人主焉。

　　漢武柏梁台聯句，有「三輔盜賊天下危，盜阻南山為民災，外家公主不可治」之句，足見當時臣下能指斥時事。而朱虛侯劉章之耕田、張衡之四愁，梁鴻之五噫，蔡琰之悲憤，江都王建女細君之悲愁，皆發於憂國愛國之忱，不可多得。以及班婕妤《怨歌行》之「涼飆奪炎熱，恩情中道絕。」辛延年《羽林郎》之「男兒愛後婦，女子重前夫。人生有新故，貴賤不相逾。多謝金吾子，私愛徒區區。」《陌上桑》之「使君自有婦，羅敷自有夫。」竇元妻所歌之「衣不如新，人不如故。」不但見其愛情之纏綿，節操之凜烈，亦即所以諷人主，使之注意新故也。其對於循吏之有感情者，除白公、召父、杜母、賈父外，其朱暉、張堪、范丹廉、范樊曄等傳，可取而觀焉。以視穎水之歌灌夫，印累綬若之歌石顯，好惡迴不侔矣。嗟夫！「男兒重意氣，何用錢刀為。」此卓文君之白頭吟也，可以增人豪氣。「梟騎戰鬥死，駑馬徘徊鳴。」此漢鐃歌之戰城南也，可以激發人尚武精神。至諸葛武侯為《梁父吟》，崇拜義俠，其自負亦豈小耶！

第十六節　言語

　　（甲）名稱。一、先生。漢時先生二字，或稱先，或稱生。如《史記・晁錯傳》：錯初學於張恢先所。《漢書》則云：初學於恢生

所。一稱先，一稱生。又《晁錯傳》：諸公皆稱為鄧先。《貢禹傳》：朕以生有伯夷之廉。或稱先，或稱生。顏注皆訓為先生，是也。二、足下。足下乃戰國時人主之稱。蘇代遺燕昭王書、樂毅報燕惠王書、蘇厲與趙惠文王書、及蘇秦說燕易王、范睢見秦昭王，皆稱足下，是也。楚漢之交，酈生說沛公亦稱足下，漢興猶然。《漢書·文帝紀》：丞相臣平、太尉臣勃、主客臣揭等再拜言大王足下。是也。後遂為彼此通稱矣。三、門生。漢世公卿多自教授，聚徒至數百人，其親受業者為弟子，轉相傳授者為門生。見歐陽公《孔宙碑陰名跋》。顧亭林則謂漢人以受學者為弟子，其依附名勢者為門生。引〈郅壽傳〉：竇憲使門生詣壽。〈楊彪傳〉：王甫使門生辜榷。以憲外戚，甫奄人，不應有轉授之門生為證。實則二說皆可存也。四、臣。對人稱臣，亦戰國之餘習。《史記·高祖紀》呂公曰：臣少好相人。張晏曰：古人相與言多稱臣，猶今人相與言自稱僕也。天下已定，廷臣對諸侯王雖稱臣，其後此風遂息，僅王官於國君，屬吏於府主稱之。然漢之諸侯王有自稱臣者，齊哀王之遺諸侯王書稱臣，是也。天子有自稱臣者，如高祖之奉玉卮為太上皇壽，景帝之對竇太后，皆稱臣，是也。五、人君。《漢書》高帝詔曰：爵或人君，上所尊禮。顏師古曰：爵高有國邑者，則自君其人，故云或人君也。是人臣亦可稱人君也。六、本朝。漢人有以郡守之尊稱為本朝者。司隸從事郭究碑云：本朝察孝，貢器帝庭。豫州從事尹宙碑云：綱紀本朝。是也。亦謂之郡朝。後漢《劉寵傳》：未嘗識郡朝。是也。亦謂之府朝。《晉書·劉琨傳》：造府朝。是也。七、殿。人臣之屋稱殿。觀《漢書》霍光、黃霸、董賢等傳及《三國志·張遼傳》可知矣。八、法駕。後漢《鮑宣傳》：為豫州牧，行部乘傳去法駕。是法駕人臣亦得稱之也。九、萬歲。萬歲為

當時相慶賀之通稱。後漢《吳良傳》注引《東觀漢記》：歲旦，郡門下掾王望舉觴上壽，掾史皆稱萬歲。及後漢韓稜、馬援、馮魴等傳，亦多稱人臣為萬歲，是也。然李固出獄，京師市里皆稱萬歲，遂為梁冀所疾，而卒以見殺。亦可見其為非常之辭矣。

母家，亦謂之外家。後漢《王符傳》：符，安定人，安定俗鄙庶孽，而符無外家，為鄉人所賤。著書三十篇，號《潛夫論》。宋黃山谷所謂解著《潛夫論》，不妨無外家者也。

（乙）諺語。以權利合者，權利盡而交疏。《鄭世家》贊。能行之者未必能言，能言之者未必能行。《孫吳傳》贊。變古亂常，不死則亡。《袁盎傳》贊。不知其人視其友。《張馮傳》贊。當斷不斷，反受其亂。《春申君傳》贊。桃李不言，下自成蹊。《李將軍傳》贊。百里不服樵，千里不販糴。《貨殖傳》。千金之子不死於市。同上。農不如工，工不如商，刺繡文不如倚市門。同上。竊鉤者誅，竊國者侯，侯之門，仁義存。《游俠傳》。人貌榮名。同上。利令智昏。《平原君虞卿傳》贊。力田不如逢年，善仕不如遇合。《佞幸傳》。此見於《史記》者。千人所指，無病而死。《王嘉傳》。水至清則無魚，人至察則無徒。東方朔〈客難〉。不習為吏，視已成事。《賈誼傳》。前車覆，後車誡。同上。投鼠而忌器。同上。狡兔死走狗烹，飛鳥盡良弓藏，敵國破謀臣亡。《韓信傳》。遺子黃金滿籯，不如教子一經。《韋賢傳》。前有趙張，後有三王。趙廣漢等傳。蕭朱結綬，王貢彈冠。《蕭望之傳》。惟寂寞自投閣，爰清淨作符命。《揚雄傳》。楚人沐猴而冠。《項籍傳》。婦兒人口不可信。《陳平傳》。以管窺天，以蠡測海。《東方朔傳》。猶糠及米。《吳王濞傳》。此見於《前漢書》者。萬事不理問伯始，天下中庸有胡

公。《胡廣傳》京師謠。車如雞棲馬如狗，疾惡如風朱伯厚。即朱震也。
《陳蕃傳》三輔謠。灶下養，中郎將；爛羊頭，關內侯。《劉聖公傳》。城
中好高髻，四方高一尺。城中好廣眉，四方且半額。城中好大袖，四
方全匹帛。《馬援傳》馬廖引。貴易交，富易妻。《宋宏傳》。關西出將，
關東出相。《虞詡傳》。孤犢觸乳，驕子罵母。《循吏仇覽傳》。此見於
《後漢書》者。又劉向《別錄》引：唇亡而齒寒。河水崩，其壞在
山。《新序》引：蠹喙僕柱樑，蚊芒走牛羊。應劭《風俗通》引：「狐
欲渡河，無奈尾何」。「婦死腹悲，惟身知之。縣官漫漫，怨死者
半。」「金不可作，音做。世不可度。」點破秦皇漢武。桓譚《新論》
引：人聞長安樂，則出門而西向笑。知肉味美，則對屠門而大嚼。
《牟子》東漢牟融。引：少所見多所怪，見橐駝言馬腫背。《易緯》
引：「一夫兩心，拔刺不深。」「躓馬破車，惡婦破家。」崔寔《四
民月令》引農語：「三月昏，參星夕；杏花盛，桑葉白。」「河射角，
堪夜作；犁星沒，水生骨。」鄭康成《月令注》引里語：「蜻蛉鳴，
衣裘成。蟋蟀鳴。懶婦驚。」馬總《意林》卷四引漢王逸《正部論》：
「政如冰霜，奸宄消亡。威如雷霆，寇賊不生。」《意林》卷五引《魏
子》：「己是而彼非，不當與非爭。彼是而己非，不當與是爭。」

右所舉或達世情，或識治體，或持清議，或寓譏諷，亦可略考當
時民情矣。而尤以「金不可作，世不可度」之語為切中時弊。

（丙）方言。《公羊》多齊言，《淮南》多楚語，此易考見者。揚
子《方言》其目甚繁，難於枚舉。今將許氏《說文》中方言之最著者
錄於下。

僷　僷同，宋衛之間謂華僷僷。《方言》：凡美容謂之弈，或謂之僷。宋衛曰僷。段玉裁按：僷亦作僷。僷僷，輕薄美好貌。按吾萍語，謂美容曰飄僷，或謂之飄飄僷僷。

　　倩　人美字也。《東齊》：婿謂之倩。段按郭云：言可借倩也，蓋方俗語謂請人為之。

　　你　乃里切，音近呢，上聲，秦人呼旁人之稱。《玉篇》云：爾也。按小學諸書，皆詳於自稱，而略於稱人之名。《爾雅》：卬，吾台予朕身甫余，言我也。朕余躬，身也。台朕賚畀卜陽，予也。注疏家謂賚畀卜，當訓賜予之予，與自稱無涉，其餘則自稱之名。故即史傳所載，稱人之名曰君、曰公、曰卿，均尊之之辭。若足下、陛下、閣下、執事，則並不敢直呼其人，而指其左右，皆未可為通稱。其與我為對文者，惟稱子為雅馴。《孟子》：子亦來見我。《詩》：子不我思。如爾汝則為輕賤之辭。故孟子以為非人所願受，爾汝之音，轉之為而、為若、為乃。小《爾雅》：而乃爾若，汝也。《通雅》：爾汝而若，乃一聲之轉。爾，古文為爾，俗加人旁作你，讀為乃里切，今世俗所通行者。

　　姎　女人自稱我也。按郝戶部《爾雅義疏》：今伊犁烏魯木齊回民稱女曰姎哥。而《後漢書》長沙武陵蠻，相呼為姎徒。章懷太子注：姎音胡朗反。入匣母，竟與吾萍鄉土語自稱曰頑之入匣母者適合。（頑去聲，有下浪切）夫范書本記長沙武陵之語，吾萍接壤長沙，竊意孫吳建縣之初，縣境當有割自長沙者，古音古語猶有存焉，可謂千載孤證。又按姎轉為卬字，別音通。《爾雅》：卬，我也，自

稱之名。吾萍人自稱曰頏，有引卬須我友為證者。蓋卬既可證頏，則頏實可證姎矣。卬為姎之轉，姎為頏之正。故郭注《爾雅》亦云卬猶姎也。又北人稱我曰俺，郝戶部謂與姎卬我亦一聲之轉，俺音近暗，而萍語頏字，或讀如憾，吾萍前輩劉金門宮保詩，所謂幸（即衡字，萍語稱人曰衡。）隨憾及看龍船者也。俺為姎之轉，俺憾音近，則用頏如用俺，用俺如用姎也。

婿　楚人謂女弟曰婿。

嬯　遲鈍也，闒嬯亦如之。《長箋》：闒嬯，浙省方言曰阿帶，愚戀貌。阿入聲，帶平聲。一曰阿呆。按吾江西及湖南謂痴呆為帶子，書痴為書帶子。

娃　圜深目貌也。或曰吳楚之間謂好娃。段注《方言》：娃，美也。吳楚衡淮之間曰娃，故吳有館娃之宮。娃於佳切，音哇，今其地答人美好之事，尚稱好娃。

姐　蜀人謂母曰姐，淮南謂之社。從女且聲，讀若左。段注：羌人呼母一曰慢。按吾江西萬載人呼母亦曰姐。

惱　有所恨痛也。今汝南人有所恨，言大惱。

嫟　秦晉謂細為嫟。

揜　自關以東，取曰揜。《方言》曰：掩，索取也，從手弇聲，一曰覆也。

呪　呼雞重言之，從口口州聲，讀若祝。段注：當云呪呪，呼雞

重言之也，淺人刪之耳。夏小正，正月雞枠粥粥也者，相粥之時也。按一本作相粥粥，呼也。粥冞古今字，雞聲冞冞，故人效其聲呼之。《風俗通》曰：呼雞朱朱。冞與朱音相似，祝者，引致禽畜和順之意。則祝當重謂冞冞，讀若祝祝也。《左傳》：州籲，穀梁作祝籲。《博物志》：祝雞翁善養雞，故呼祝祝。

咦　南陽謂大呼曰咦。

嘪　良遇切，吳人呼狗。

哓　羌去聲，秦晉謂兒泣不止曰哓。

聏　益梁之州謂聾為聏。秦晉聽而不聰，聞而不達。謂之聏。

聉　吳楚之外，凡無耳者謂之聉言，若斷耳為盟。段按，聉五滑切，無耳，吳楚語。

眣　目偏合也，一曰衺視也。秦語。

眮　吳楚謂瞋目顧視曰眮。

餪　乃管切，音餪。女嫁三日送食曰餪。

餽　吳人謂祭曰餽。

膔　益州鄙人言人盛諱其肥謂之膔。段注：膔假借作壞，鄒陽上書亦云：壞子王梁代。

膞　讀若繇，牛脅後髀，前合革肉也。段注：合革肉者，他處革

與肉可分剝，獨此處不可分剝也。《七發》所謂犓牛之腴。《毛傳》云：射左膘。《三蒼》云：膘，小腹兩邊肉也。繇，敷紹切，今俗謂牲肥者曰膘壯。音如標。

伙　齊謂多也。《方言》曰：大物盛多。齊宋之郊，楚魏之際曰伙。按今楚人言夥計。

胖　匹絳切，顧亭林《唐韻》正云：今人謂體肥為胖。即古之豐字。

戯　又取也。段按：《方言》挏戯，取也。南楚之間，凡取物清泥中，謂之挏，或謂之戯。

八　別也。段按：今江浙俗語，以物與人謂之八，與人則分別矣。按吾江西及湖南亦然，但八音，讀若把。

此　《說文》中之方言也。至於毛與多謝等語，則又可以考焉。

毛　《漢書·高惠高后文功臣表》：靡有孑遺，耗矣。師古注：今俗語猶謂無為耗，音毛。《後漢書·馮衍傳》：飢者毛食。李賢注：按衍集毛字作無，今俗語猶然，或古亦通乎。按謂無為毛，兩漢唐宋相沿已久。曾慥《高齋漫錄》載錢穆父折簡召東坡食皛飯，以鹽、蘿、蔔飯為三白。東坡再召穆父食毳飯，以毛鹽、毛飯、毛蘿蔔為三毛。謂以毛為無，乃蜀語。又《佩觽集》：河朔謂無為毛。《通雅》：江楚廣東呼無曰毛。

多謝　辛延年《羽林郎》詩：多謝金吾子。《漢書·趙廣漢傳》

注：多問者言殷勤，若今千萬問訊也。陶靖節詩亦有：「多謝綺與用」之句。

　　阿誰　《蜀志・龐統傳》：向者之論，阿誰為失。

　　手下　《江表傳》：孫策謂太史慈曰：先君手下兵數千餘人，盡在公路許。又曰：卿手下兵宜將多少自由意。

　　負　老母之稱。《史記・高祖本紀》：常從王媼武負貰酒。《漢書》注如淳曰：俗謂老大母為阿負。師古曰：《列女傳》云：魏曲沃負者，魏大夫如耳之母也。古語謂老母為負耳。

　　公　婦謂舅也。《前漢書・賈誼傳》：與公併倨。

　　了了　慧也，曉解也。後漢《孔融傳》：小而了了，大未必奇。

　　收債　《戰國策》：馮諼為孟嘗君收責於薛。《史記》作收債。

　　媼　母老之稱。《史記・高祖本紀》：常從王媼武負貰酒。

　　嫚　楚人謂姊為嫚。

　　姤　《釋名》：青徐呼女曰姤。姤，忤也。女始生，人意不喜，忤忤然也。揚子《方言》：吳人謂女曰姤。五故切，音誤。

　　譙冥　前漢《外戚傳》譙妍太息注晉灼曰：三輔謂憂愁面省疲曰譙冥。譙妍，猶譙冥也。

　　寄居　前漢《息夫躬傳》：歸國未有第宅，寄居邱亭。

不中用　《史記・始皇本紀》：吾前收天下書不中用者。《外戚世家》：武帝擇宮人不中用者斥出歸之。《王尊傳》：其不中用，趣自避退，毋久妨賢。

小家子　《漢書・霍光傳》：使樂成小家子，得幸將軍。

主人翁　《史記・范睢傳》：主人翁習知之。

十八九　《漢書・丙吉傳》：至今十八九矣。

年紀　《光武紀》：建武十五年詔下州郡，檢覈墾田頃畝及戶口年紀。

分付　《漢書・游俠原涉傳》：分付諸客。

交代　《漢書・蓋寬饒傳》：及歲盡交代。《白虎通義》：封禪必於泰山何？萬物之始，交代之處。

什物　《後漢・宣秉傳》：即賜布帛帳帷什物。

曉示　《漢書・循吏童恢傳》：吏人有違犯禁法，輒隨方曉示。《班超傳》：令曉示康居王。

主者　《史記・陳丞相世家》：各有主者。後漢《劉陶傳》：事付主者，又主者旦夕迫促。《樂巴傳》：主者欲有所侵毀。

傳語　後漢《清河王慶傳》：令慶傳語中常侍。

收拾　《光武紀》：吏人死亡，或在壞垣毀屋之下，而家羸弱不

能收拾者。

尋思　《漢書‧循吏劉矩傳》：以為忿恚可忍，縣官不可入，使歸更尋思，訟者感之。

見在　鄭康成《周禮‧夏官》薰人亡者闕之注：闕，猶除也。弓弩矢箙，棄亡者除之，計今見在者。

比數　鄭康成《周禮‧大司馬》簡稽鄉民注：簡，謂比數之。

先輩　鄭康成《詩‧采薇》箋：今薇生矣。先輩可以行也。

如今　鄭康成《詩‧杕杜》箋：征夫如今已閒暇，可歸也。

雜碎　後漢《仲長統傳》：百家雜碎，請用從火。

普請　《三國志‧呂蒙傳》：孤普請諸將，咨問機宜。

牢固　《三國志‧陸抗傳》：吾寧棄江陵而赴西陵，況江陵牢固乎。

享福　《後漢書‧郎顗傳》：是故高宗以享福，宋景以延年。

久住　《蜀志‧諸葛傳》：是以分兵屯田，為久住之基。

暫住　《吳志‧鍾離牧傳》：聞君意顧，故來暫住。

長住　《易林》：乾作聖男，坤作智女，配合成就，長住樂所。

扇　須緣切，《淮南子》：左擁而右扇之。又束晳《補亡詩》：八

風代扇。

開張　《釋名》：袂，掣也。掣，開也。開張之以受臂屈伸也。諸葛孔明《前出師表》：誠宜開張聖聽。

臨場　後漢《劉表傳》論：臨場決敵，則悍夫爭命。

辭謝　《史記‧呂后紀》：代王使人辭謝。

清亮　後漢《郎顗傳》：清亮自然。

奉行故事　《書》：率百官若帝之初傳，順舜初攝帝位故事，奉行之。

管事　《史記‧李斯傳》：趙高以刀筆吏入秦宮，管事二十餘年。

那　音乃賀切。《後漢書》：公是韓伯休那註：那語余聲。

些　款乃　弇州山人藁，宋玉之些，子雲之款，乃皆方言也。款乃音襖靄，湘中人泣舜之餘聲也。

罷休　《史記》吳王謂孫武曰：將軍罷休。今蘇州語謂罷必綴一休字。

抓　音琶，搔也，掃也。見《淮南子》。

數　責人也。范睢之數須賈，漢高之數項羽，是也。今蘇州謂責人曰數說。

脂　《周禮‧考工記》：凡暱之類不能方注：脂，亦黏也。今蘇

州謂發黏亦曰膩。

　　鑽　　班固答賓戲：商鞅挾三術以鑽孝公。鑽即鑽營之意，今謂善趨權勢曰善鑽，謂善鑽者為頭尖，猶鑽物之鑽，以尖而易入也。又吾萍語謂入曰鑽，如進去曰鑽，進去好弄曰鬧里鑽，是也。

　　放手　　《後漢書》：殘吏放手。今蘇州謂貪縱為非曰放手。

　　卒暴　　前漢《陳湯傳》：興卒暴之師。卒音猝，今太倉州謂性急為卒暴。

　　勃窣　　窣音孫，入聲。《司馬相如傳》：媻珊勃窣上金堤。今嘉定呼人體笨行步不輕脫，曰勃窣。

　　伿儗　　音如熾膩，謂人進退不果也。司馬相如《賦》：仡以伿儗。師古又音態礙，今嘉定亦有此語。

　　發笑　　前漢《司馬遷傳》：適足以發笑而自點耳。嘉定俗指可鄙笑曰發笑。

　　襤襂　　《古樂府》：今世襤襂子，獨熱向人家。今俗謂人懶惰不振作，及不自整理物件曰襤襂。而嘉定謂人性乖劣曰襤襂。

　　釃糟　　《漢書・王霸傳》釃蘭皋下注：世俗以盡死殺人為釃糟，蓋血肉狼藉之意也。今俗謂污穢之物曰釃糟，而京師糟皋之語亦本於此。

　　蒂芥　　前漢《賈誼傳》細故蒂芥，何足以疑注：蒂芥，小鯁也。

又司馬相如《上林賦》：曾不蒂芥。按今俗謂小嫌曰芥蒂。

掉磬　《禮‧內則》鄭注：雖有勤勞不敢掉磬疏：崔氏云：北海人謂相激事為掉磬。《隱義》云：齊人謂相絞訐為掉磬。按即今俗語所謂掉皮之所本。

幾所　里所　前漢《疏廣傳》：問金余尚有幾所注：幾所，猶幾許也。《張良傳》：父去里所復還注：里所，猶里許也。

無賴　《漢書‧高帝紀》：始大人常以臣無賴。

客作　《野客叢談‧吳曾漫錄》曰：江西俚俗罵人曰客作兒。按陳從易詩：枇杷客作兒。今人斥受僱者為客作。此語殆始於南北朝，觀袁翻謂人曰：邢家小兒為人客作章表，可知。按後漢《匡衡傳》：衡乃與客作而不求價。《三國志》：焦先飢則為人客作，飽食而已。則此語殆始於漢。

痴種　《越絕書》：慧種生聖，痴種生狂。今嘉定俗罵人曰痴種。

乞兒　《漢官儀》曰：明帝臨軒雍，歷二府，光觀壯麗，而太尉府獨卑陋。顯宗東顧嘆息曰：椎牛縱酒，勿令乞兒為宰。

老狗　《漢武故事》：栗姬嘗罵上為老狗。

酒家兒　見《欒布傳》。

無狀子　見《前漢書》。

妳妳　焦仲卿妻《古詩》云：媒人下床去，諾諾復妳妳。

小姑　《古樂府》焦仲卿妻詞曰：卻與小姑別，淚落連珠子。

妹婿　《三輔決錄》：趙岐取馬續女宗姜為妻。續兄子融，岐曰：妹婿之故，屈志於融。

郎君　《世說》：諸葛瑾為豫州，遣別駕詣台，語云小兒恪知謹，卿可以語速。速往詣恪，恪不相見。後相遇，別駕喚恪，咄咄郎君云。

先后　《郊祀志》：見神於先后宛若。孟康曰：古謂娣姒。今關中呼為先后。

累重　《西域傳》：募民壯健有累重敢徙者，詣田作。注：累謂妻子家屬也。今嘉定俗呼妻子曰賤累，又子女多曰累重。

眷　親屬也，字或作婘。《史記·樊噲傳》：誅諸呂婘屬。又《五代史·裴皞傳》：裴氏自晉魏以來，世為名族，居燕省者號東眷，居涼者號西眷，居河東者號中眷。按今通稱有家眷、女眷、親眷之目。

索妻　即娶妻也。《關羽傳》：孫權遣使索羽女為子婦。又《隋書·房陵王傳》獨孤后曰：為伊索得元家女。今臨晉亦謂娶妻為索妻，而吾萍則謂之討親，討亦索之義也。

有身　《高帝紀》：已而有娠。孟康曰：娠音身。《漢書》：身多作娠，蓋古今字也，今俗亦有謂懷孕為有身者。

主故　見《後漢書》。

亡聊賴　無所事事也。前漢《張釋之傳》：尉窘亡聊賴。

不快　後漢《華佗傳》：體有不快，起作一禽之戲。今俗謂人有病曰不快活，一曰不舒服，自稱有病亦然。

人道我　《毛詩》願言則嚏注曰：今俗人嚏曰人道我。今人噴嚏，必曰有人道我。

沾寒　《史記·滑稽傳》：置酒而天雨，陛楯者皆沾寒。吾萍語謂有寒疾亦曰沾寒。

財主　《世說》陳仲弓曰：盜殺財主，何如骨肉相殘。

鮮翠　王伯厚《困學紀聞》評詩陸務觀記：東坡詩翠欲流。謂蜀語鮮翠，猶言鮮明也。愚按嵇叔夜《琴賦》云：新衣翠粲。李周翰注：翠粲，鮮色。李善注引《子虛賦》：翕呷翠粲。張揖曰：翠粲衣聲，《漢書》作萃蔡。班婕妤賦：紛綷縩兮紈素聲。其義一也。以鮮明為翠乃古語。

當　《正字通》：凡出物質錢，俗謂之當。後漢《劉虞傳》：虞所齎賞，典當胡夷，瓚復抄奪之。注：當，音丁浪反。

搜牢　牢音潦。後漢《董卓傳》：卓縱放兵士，突其居舍，淫略婦人，剽擄資財，謂之搜牢。注：言牢周者，皆搜索取之也。一曰牢，瀝也。二字皆從去聲。

姘　《倉頡篇》：男女私合曰姘。漢律，與妻婢奸曰姘。又齋與女交罰金四兩曰姘。

相公　顧亭林《日知錄》：前代拜相者必封公，故稱之曰相公。《羽獵賦》：相公乃乘輕軒，駕四駱。相公二字似始見此。

阿　顧亭林《日知錄·〈隸釋·漢毅阮碑陰〉》云：其間四十人，皆字其名而繫以阿字，如劉興阿與潘京、阿京之類。必編戶民未嘗表其德，書石者欲其整齊而強加之，猶今閭巷之婦，以阿挈其姓也。成陽靈台碑陰有主吏仲東、阿東。又云：惟仲阿東年在元冠，幼有中質，又可見其年少而未有字。《抱朴子》：禰衡游許下，自公卿國士以下，衡初不稱其官，皆名之云阿某，或以姓呼之為某兒。《三國志·呂蒙傳》注：魯肅拊蒙背曰：非復吳下阿蒙。《世說》注：阮籍謂王渾曰：與卿語不如與阿戎語。皆是其小時之稱也。婦人以阿挈姓，則隋獨孤后謂雲昭，訓為阿雲。唐肅淑妃謂武后為阿武。韋后降為庶人，稱阿韋。劉從諫妻裴氏，稱阿裴。吳湘娶顏悅女，其母焦氏稱阿顏、阿焦，是也。亦可以自稱其親。焦仲卿妻詩：堂上啟阿母，阿母謂阿女。是也。謹按以阿繫其名者，始於漢，盛於南北朝。唐陸龜蒙《小名錄》所載漢武陳後名阿嬌，曹操名阿瞞，蜀後主名阿斗，王濬名阿童，王忱名阿大，殷浩名阿源，王臨之名阿林，郗恢名阿乞，王循齡名阿齡，王蘊名阿興，王敬豫名阿璃，石邃名阿鐵，劉敬宣名阿濤，謝瞻名阿遠，陶儼名阿舒，劉瓛名阿稱。是也。

幺　《漢書·食貨志》：王莽作錢貨六品，內有幺錢；貝貨五品，內有幺貝；布貨十品，內有幺布。班彪《王命論》：幺膺不及數子。蔡邕《短人賦》：其餘尫幺。《爾雅》幺幼注曰：豕子最後生者，俗呼為幺豚。故後人有幺膺之稱。《說文》：幺，小也，象子初生之形。幼字從幺，亦取此義。顧亭林曰：一為數之本，故可以大名之。

一年之稱元年，長子之稱元子，是也。又為數之初，故可以小名之。骰子之謂一為幺，是也。《唐書‧楊炎傳》：盧杞貌幺陋。《宋史‧岳飛傳》：楊幺本名楊太，太年幼，楚人謂小為幺，故曰楊幺。俗作麼非。

第十七節　漢末風俗之復古

王莽居攝，頌德獻符者遍於天下。雖有何武、鮑宣、高固及辛慶忌三子之不附莽而死，翟義、賈萌、張充諸人之討莽而死，龔勝之不應徵而死，曹竟之不附莽而死，於赤眉、李業、王皓、王嘉、譙元之不仕莽而死，於公孫述、彭宣、王崇、邴漢、梅福、逢萌之不附莽而去，胡綱、郭堅伯、郭游君、楊寶、牟長、高翊、高容、窪丹、孔子建、郭憲之不仕莽，王譚、文參之不從莽，足以立懦廉頑，少答百年前漢武表章六經，尊用儒士之盛意。然歲寒松柏，寥寥無幾。蓋由西漢師儒雖盛，而大義未明也。光武、明章有鑒於此，故尊崇節義，敦厲名實，所舉用者莫非經明行修之人，而風俗為之一變。至其末葉，朝政昏濁，國事日非，而黨錮之流，獨行之輩，依仁蹈義，捨命不渝，風雨如晦，雞鳴不已。三代以下，風俗之美無尚於東京者。范蔚宗之論，以為桓、靈之間，君道粃僻，朝綱日陵，國隙屢啟，自中智以下，靡不審其崩離。而權強之臣，息其窺盜之謀。豪傑之夫，屈於鄙生之議。所以傾而未頹，決而未潰，皆仁人君子心力之為，《左雄傳》論。信不誣也。

第三編

浮靡時代（濁亂時代）

第一章

魏晉南北朝隋

第一節　清議

漢末名士互相品題，遂成風氣。於時朝廷用人率多采之，頗足以挽勢利貪緣之習。故魏之何夔、杜恕皆注重鄉評。陳群遂立九品中正之法，晉因之鄉邑清議，不拘爵位，褒貶所加，深足勸勵。故有被議坐廢者，如陳壽、閻義、《晉書·何攀傳》。卞粹諸人，是也。有被議貶黜者，如韓預、《張輔傳》。李含、王式、《卞壺傳》。溫嶠、任讓、《華恆傳》。周勰、《韓康伯傳》。陳暄《陳慶之傳》。諸人，是也。《南史·宋武帝齊高帝紀》於受禪即位大赦下詔：皆有犯鄉論清議者，一皆蕩滌洗除先注等語。先注者，即被議為中正所注者也。清議之嚴如此，而又皆持之於中正，用以區別流品，亦六朝之一特色。雖法久弊生，中正不盡秉公，或上下其手，然鄉間之清議自峻也。

第二節　流品

曹孟德既有冀州，崇獎跅弛之士，以盜嫂受金為無害於才。觀其下令再三，至於求負污辱之名，見笑之行，不仁不孝而有治國有兵之術者。然於慎重流品之風，毫無所損。晉宋以來，已成普通觀念，如宋王道子之不呼蔡興宗坐，王球之不令王宏就坐，梁羊侃之拒宦者張某，曰我床非閹人所坐，是也。顧氏亭林曰：自萬曆季年，搢紳之士不知以禮飭躬，而聲氣及於宵人，如汪文言一人，為東林諸公大玷。詩字頒於輿皂。至於公卿上壽，宰執稱兒。而神州陸沈，中原塗炭，夫有以致之矣。嗚呼！觀顧氏所言，知流品之關係於廉恥上者不小也。

第三節　門第

　　中國階級制度已為周末遊說所破，乃至六朝而轉嚴。當時以望族為士，平民為庶。有舊門、次門、後門、勳門、役門之類。士庶之見，深入人心，若天經地義。大抵士庶不得通婚，其不幸而與庶族通婚者，則為士族之玷。化士庶界限，當以通婚為第一義。然南朝最著之望族，若琅琊王氏、陳國謝氏等，惟與皇族聯姻，不必本屬清門。北朝最著之望族，若范陽盧氏、滎陽鄭氏、清河博陵二崔氏等，苟非士族，雖帝王亦不與聯姻。界限之嚴，不但侯景之凶強，不能強與王謝聯姻已也。又王源嫁女於富陽滿氏，即為沈約所彈。故當時庶族有一起居動作之微，亦以偕偶士族為榮幸。而終不得者，如《齊紀》：僧真詣江斅，斅不答是也。甚至納貲為士族門生，以求進身。蓋六朝所稱門生，不過傔從之類，非受業弟子也。觀《晉書・劉隗傳》、《宋書》徐湛之、謝靈運、顏竣、顏琛等傳，《南齊書》劉懷珍、謝超宗傳，《南史・齊后妃傳》可知矣。然富人子弟多願充之。因中正之弊，既已上品無寒門，下品無世族，庶姓寒人無寸進之路。惟此可以年資得官，故不惜身為賤役，且有出財賄以為之者。究竟士族亦無他長，不過雍容令僕，裾屐相高，心目中惟知有門第二字。《北史・崔㥄傳》每謂盧元明曰：天下盛門。惟我與爾，博崔趙李，何事者哉。而任事又不能不借重寒人，此南朝所以多用寒人掌機要也。

第四節　氏族及名字

　　自五胡雲擾，種族殆不可辨識。於是衣冠之族不能不自標異，乃假中正以重其門閥。有司選舉，必稽譜籍而考其真偽。然當時同姓通譜之風最甚，通譜之事，晉以前未有。如石勒之引石朴為宗室，孫旅之

與孫秀合族，見《晉書》石苞、孫旂二傳。侯景之托侯瑱為宗族，崔浩之與崔寬相齒而厚撫之，《魏書·崔元伯傳》。杜佺之延引杜超，《北史》佺傳。韋鼎之作韋氏譜與韋世康，是也。此又適為庶族聯絡士族，依附士族之一善策，雖其中亦有同族而不同望者。《魏書·高陽王雍傳》：博陵崔顯世號東崔，地寒望劣。又《高士廉傳》言每姓第其房望，雖一姓中高下懸隔。是亦北人偶染南人之習，顧亭林云：北人重同姓，多通譜系；南人則有比鄰而各自為族者。引《宋書·王仲德傳》：北土重同姓，謂之骨肉為證。實則氏族未有不混淆者。又冒姓始自漢之呂平、《漢書·外戚恩澤侯表》注。灌孟、《史記·灌夫傳》。堂邑甘父《漢書·西域傳》注。等，而魏晉以來尤盛，甚至以異姓為人後。如魏陳矯本劉氏子，出嗣舅氏吳。朱然本姓施，以姊子為朱後。而賈謐之後賈充，則有莒人滅鄫之譏。宋許榮上疏，至謂今台府局史、直衛武官、及婢隸婢兒，取母之姓者，本臧獲之徒，無鄉邑品第。《宋書·王道子傳》。可見當時冒姓之多矣。庶族因界限之嚴，或藉通譜冒姓，以僥倖仕進。士族因通譜冒姓多，則亦有難完全其為士族者，至隋罷中正，而氏族始廢焉。

名與字相同，起於晉宋之間。史之所載，晉安帝諱德宗字德宗，恭帝諱德文字德文，會稽王道子字道子，殷仲文字仲文，宋蔡興宗字興宗，顏見遠字見遠，梁王僧孺字僧孺，劉孝綽字孝綽，瘐仲容字仲容，江德藻字德藻，任孝恭字孝恭，師覺授字覺授，北齊慕容紹宗字紹宗，魏蘭根字蘭根，後周王思政字思政，辛慶之字慶之，崔彥穆字彥穆之類，是也。

六朝人最重避諱，有聞諱徒跣者，謝超宗、王亮等《南史》本傳。是也。有聞偏諱而斂容者，蕭琛南史是也。有聞諱必哭者，有諱其與

諱同音之字，而與人書全不稱及者。有人來書疏犯其父諱，竟對之流涕，不省公事者。有父諱云而呼紛紜為紛煙者。有父諱桐而呼梧桐樹為白鐵樹者。有父諱昭而一生不為昭字，惟依《爾雅》火傍作召者。並見《顏氏家訓·風操篇》。

幼小之名謂之小名，長則更名，而以小名為諱，或長亦以小名行。如呂后之名娥姁，武帝陳后之名阿嬌，光武郭后之名聖通，鄭康成之孫名小同，光武之名秀，揚雄之子名童烏，此長而不改者也。司馬長卿之名犬子，匡稚圭之名鼎，劉禪之名阿斗，曹孟德之名阿瞞，臧宣高霸之名寇奴，班惠姬之名昭，此長而隱其名者也。晉宋以來，小名尤盛行，觀陸龜蒙《小名錄》可知矣。

第五節　仕宦

中正取士，權歸著姓。惟梁置州重郡崇，鄉豪專典授薦，頗無膏粱寒素之隔。此外若晉王戎選舉，驅扇浮華，虧敗風俗，雖為傅咸所奏，戎與賈郭通親，竟得不坐。齊之鄉舉里選，不核才德，其所進取，以官婚冑籍為先，遂令甲族以二十登仕，後門以三十試吏，故有增年矯貌以圖進者。其時士人皆厚結姻援，奔馳造請，浸以成俗焉。《通志·選舉略》。梁徐勉掌選時，奏立九品為十八班，自是貪冒者以財貨取進，守道者以貧寒見沒。《南史》勉傳。隋之選舉冒濫，非為巨害，至死不黜。故里語謂人之為官若死然，未有不了而倒還者。《通志·選舉略》。加以其時專尚詞賦，士習浮澆，尤不以奔競為恥焉。顏之推《家訓·涉務篇》曰：多見士大夫恥涉農桑，羞務工伎，射既不能穿札，筆則才記姓名，飽食醉酒，以此消日。又曰：梁朝全盛之

時，貴遊子弟多無學術，無不熏衣剃面，傅粉施朱，駕長簷車，跟高齒屐，坐棋子方褥，憑班絲隱囊，列器玩於左右，從容出入，望若神仙。及勢利既失，遂為駑材。此可以知當時仕宦伎俪矣。《晉書‧潘岳傳》：岳與石崇諂事賈謐，每候其出，輒望塵而拜。《南史‧陳卞彬傳》：時有廣陵高爽，博學多才。劉脩為晉陵縣，爽經途詣之，了不相接。俄而爽代脩為縣，脩遣迎贈甚厚。此可以知當時炎涼醜態矣。

第六節　名節

以一家物又與一家，南北朝人臣之慣技。趙王倫之篡，樂廣素號元虛，乃奉璽綬勸進。王謝為司馬氏世臣，而王導之孫謐授璽於桓元。導曾孫宏又為宋佐命。謝安之孫澹亦持冊於宋祖劉裕，謝朏歷仕宋、齊、梁，如三嫁之婦人，而世俗不以為怪，名節掃地矣。然以六朝之浮薄，而疾風勁草未嘗無之。宋之袁粲、梁之韋粲千古流芳。淵明歸隱，不失為晉處士。晉河南辛恭靖之言曰：寧為國家鬼，不為羌賊臣。《晉書‧忠義傳》。齊新野劉思忌之言曰：寧為南鬼，不為北臣。《南齊書‧魏虜傳》。宋沈攸之之言曰：寧為王凌死，不為賈充生。《南史》本傳。宋石頭城之謠曰：寧為袁粲死，不作褚淵生。見《南史‧袁粲褚淵傳》。英風勁氣，肝膽照人。上溯之魏，魏以不仁得國，而魏文又最慕通達者也。然猶有王凌、文欽、毋邱儉、諸葛誕諸人，故氣節在當時雖居少數，亦不能謂全無人也。

第七節　清淡

　　清談起於魏。正始中何晏、王弼之祖述老莊，而阮籍復以不遵禮法繼其後。籍嘗作《大人先生傳》，謂世之禮法君子，如蝨之處褌。厥後王衍、樂廣慕之，俱宅心事外，名重於時。天下言風流者，以王樂為稱首，後進莫不競為浮誕，遂成風俗。學者以老莊為宗而黜六經，談者以虛蕩為辨而賤名檢。行身者以放濁為通而狹節信，仕進者以苟得為貴而鄙居正，當官者以望空為高而笑勤恪。間有斥其非者，劉頌每言治道，傅咸每糾邪正。世反謂之俗吏。裴頠之著《崇有論》，江惇之著《通道崇儉論》，卞壺之斥王澄、謝鯤謂悖禮傷教，中朝傾覆，實由於此。范寧謂王弼、何晏之罪深於桀紂。熊遠、陳頵各有疏論，莫不大聲疾呼，欲以挽回頹俗。而習染既深，竟有江河日下之勢。蓋其風氣所自，一由於東漢之苦節，程子云。一由於魏文之慕通達，傅元云。一由屢經喪亂，中原塗炭，厭世主義遂以發生，於是酒色棋局，皆為清談之後勁。當時除陶侃之甓、溫嶠之裾、祖逖之楫、顏之推、王通之學問卓然流俗，陶淵明之酒、嵇康之琴、謝安之東山妓、謝靈運之登山屐獨有寄託外，其餘胸無挾持，徒矜尚風流，翩翩濁世，若今日士大夫沈酣於花酒鴉片麻雀中者。乃完全亡國之資料。然大勢所趨，眾人方以為高妙，非此則謂之不達，雖有志之士亦有因之不能自主者，亦可慨已。士人學問不出莊老，佛經專為清談預備，而文詞亦購名士之代價，而清談者之家珍也。綺靡輕薄，風俗日漓，燕泥庭草，遂以賈禍。《隋唐嘉話》：煬帝善屬文，而不欲人出其右。司隸薛道衡由是得罪，後因事誅之。曰：更能作空梁落燕泥否？煬帝為燕歌行，文士皆和，著作郎王冑獨不下帝，帝每銜之。冑竟坐此見害。而誦其警句曰：庭草無人隨意

綠。復能作此語耶？以人主而與臣下競文詞，其好尚可知矣。《南史‧恩倖傳》論清談之弊，士大夫不親政務，致小人得以倖進，是不刊之論也。

第八節　佛老

清談之資料，佛老最有價值。當時佛學直掩過老學，然鮮能知佛之作用者。多謂事佛可以求福，至於號取寺名，詔用佛語，人以僧名，如王僧達、王僧虔之類，不可枚舉。幾若無事可以離佛。非誤以佛為神，即誤以佛為厭世也。

第九節　鮮卑語

其時鮮卑人事戰爭，而漢人事耕稼。有古秦人待三晉之風，而漢人亦謹事鮮卑人，學鮮卑語，以求自媚。《隋書‧經籍志》所載學國語之書即鮮卑語。至伙，幾如今人之學東西文也。此事觀《北齊書‧神武紀》及顏之推《家訓》即知其詳。

第十節　美術

魏晉之士放棄禮法，不復以禮自拘。及宅心藝術，亦率性而為，視為適性怡情之具。且士務通脫，以勞身為鄙，不以玩物喪志為譏。加以高門貴閥，雅善清言，兼矜多藝，然襟懷浩闊，見聞而外，別有會心。詩語則以神韻為宗，圖畫則以傳神為美。二王書法間逞姿媚，遂開南派之先。推之奏音審曲，調琴弄箏，亦必默運神思，獨標遠

致，旁及博奕，咸清雅絕俗，以伸雅懷。美術之興，於斯為盛。晉代以降，學士大夫以書畫弈棋相尚。以言乎書法，則南人長於書帖，北人長於書碑。以言乎文詞，則南人清新俊逸，北人磽确自雄。美術之分南北，始於東晉，歷晉至隋，相沿不革。南朝之士，兼喜賞鑑，畫品錄於謝赫，書品成於庚肩吾。品第優劣，人各系評，姚最諸人。遞有賡續，若碑英著於梁元，鼎錄成於虞荔，刀劍譜於陶隱居。則又由賞鑑而兼考古，然其書皆出於南人。自西魏滅梁，秘閣二王之書入於北朝，為顏之推所秘。王褒由梁入周，北人多習其書。庚信江總又以輕綺之文傳於北土。迄於初唐，美術漸泯南北之分焉。又按以奕品畫人入正史，亦始於南朝。《南齊書‧蕭惠基傳》：當時能棋人琅琊王抗第一品，東郡褚思莊、會稽夏赤松並第二品。《劉繪傳》：弟瑱，字士溫。滎陽毛惠遠善畫馬，瑱善畫婦人，世並為第一。《劉系宗傳》：少便書畫，是也。以其好尚既專，精絕足傳也。書法之美，朝廷並拔擢之。故顏之推謂廝猥之人，多以能書見用也。

第十一節　婚娶

不論行輩，如宋蔡興宗以女妻姊之孫袁彖，是也。以婦女為買賣，故注重財幣。《顏氏家訓‧治家篇》亦云賣女納財，買婦輸絹。魏齊時尤甚，其始高門與卑族為婚，利其所有，財賄紛遺，其後遂成風俗。婚嫁財幣，爭多競少。觀魏文成帝之詔及《封述傳》可知。妾媵繼室各處，好尚不同。《顏氏家訓‧後娶篇》：江右不諱庶孽，喪室之後，多以妾媵終家事，疥癬蚊虻，或未能免。限以大分，故稀門閫之恥。河北恥於側出，不預人流，是以必欲重娶，至於三四，母年有少於子者，後母之弟與前婦之兄。

衣服飲食，爰及婚宦。至於士庶貴賤之隔，俗以為常。身沒之後，辭訟盈公門，謗辱彰道路。子誣母為妾，弟黜兄為傭。播揚先人之辭跡，暴露祖考之長短，以求己直者多有。然北齊百官大率無妾，因其時父母嫁女，必教之以妒。姑姊逢迎，必相勸以忌。以劫制為婦德，能妒為女工。宋世宮庭穢亂，士大夫以聯姻帝室為畏途，且凡為公主者皆淫妒，人主亦自知之。故江敩當尚主，明帝使人代敩作辭婚表，遍示諸公主以愧勵之。又將相多尚公主，王侯率取後族。一夫一妻之制實成於自然。若宋廢帝為姊山陰公主置面首左右三十人。與俄國加他鄰女后同。則又儼然一妻多夫之制矣。其時士庶多不通婚，梁武帝謂侯景曰：王謝門高，當於朱張以下求之。齊沈約彈王源曰：王滿連姻，實駭聞聽。《北史》：崔巨倫之姑不肯令其姊屈事卑族。通婚之時，往往比量父祖，故庶族以娶高門士女為榮。即夫家坐罪沒官之婦女，寒人得之，且榮幸無比。觀《北齊書》郭瓊、孫搴傳可知矣。喪娶始於春秋魯公子遂之納幣。文公二年。而漢文帝短喪之詔，亦云天下吏民，毋禁取婦、嫁女、祠祀、飲酒、食肉。自是喪娶甚多，六朝尤甚。石勒之禁國人在喪嫁娶，《晉書》載記。張輔之貶韓預，劉隗之奏王籍之、顏含，固當時僅見者。《晉書》本傳。

第十二節　喪葬

　　晉代期功之喪猶以為重，自祖父母、伯叔父母以至兄弟姊妹妻子之喪，初喪去官，除喪然後就官。見《王純碑》、陶淵明《歸去來辭》傳、《自序》、《晉書・嵇紹韓光傳咸等傳》及潘岳《悼亡詩》。非此則上掛彈文，下干鄉議。自謝安期喪不廢樂，王坦之以書喻之不從，衣冠效之，遂

以成俗。雖阮籍以居喪食肉坐貶議，而六朝此種風氣未嘗少息。甚至國恤宴飲，毫不為異，皆輕蔑禮法之結果也。停喪之事，自古所無。自建安離析，永嘉播竄，於是有不得已而停者，後遂以為常。如晉賀循為武康令，嚴禁厚葬，及有拘忌，迴避歲月，停喪不葬之俗《晉書》本傳。是也。有遷葬之俗，《梁書·顧憲之傳》：衡陽土俗，山民有病者，輒云先人為禍，皆開冢剖棺木，洗枯骨，名為除祟是也。厚葬之俗最甚，如杜預、徐苗、石苞、庾峻、《晉書》。王徽、郝昭、裴潛、《魏書》。到漑《梁書》。之遺命薄葬，固不可多得者。

　　墳墓必擇吉地，謂之相墓術。此術之流傳，世謂始於晉郭璞，故璞有《葬經》一書。今觀璞本傳，稱璞葬母暨陽，去水百步。或以近水言之，璞曰：當即為陸矣。其後果沙漲數十里。又璞為人葬墓，晉明帝微服觀之，問主人何以葬龍角。主人曰：郭璞云此葬龍耳，當致天子。帝曰：當出天子耶？主人曰：非出天子，能致天子至耳。此璞以相墓傳名之確證也。而葬術之行，實即由此時而盛。《晉書·周光傳》載陶侃聽老父之言，葬其父於牛眠之地，卒為三公。《南史》齊劉后、荀伯玉、梁杜嶷各傳，皆言相墓事。而孔恭、高靈文及富陽人唐寓之祖父之相墓，亦見《南史》。《南史·宋紀》：武帝父墓在丹徒侯山，有孔恭者善占墓，謂此非常地，後果為天子。《齊記》：高帝舊塋在武進彭山，岡阜相屬，百里不絕，其上常有五色雲。宋明帝惡之，遣占墓者高靈文往相之，靈文先給事齊高，乃詭曰：不過方伯耳。私謂齊高曰：貴不可言。後果登極。《沈文季傳》：齊時富陽人唐寓之祖父亦以圖墓為業。可見六朝時此術已盛行。又如梁《昭明太子傳》曰：不利長子。梁《吳明徹傳》曰：最小子大貴。《南史》。則術家長房小房之說也。宋廢帝以不為父孝武

帝所愛，將掘其陵，太史言不利於帝而止。則術家神煞禁忌之說也。

　　相墓之術多緣飾陰陽家言，後世惑之，以為窮達壽夭，皆卜葬所致。於是趨吉避凶，有久淹親喪不葬者，有既葬失利而改卜者，有謀人宅兆而遷就馬鬣者。嗚呼！藕骨之朽以蔭家之肥，已為不仁不智矣。又況迷信龍脈風水、山川封禁，至數十里富有礦產而不之開，不但為東西文明國人所竊笑，抑亦富強政策之一大阻力也。夫郭璞《葬經》，世稱偽托。楊、曾、廖、賴及近代術士諸書，尤支離詭異，不足憑據。且風水之說，至宋始盛，而自宋以來，辟其謬者亦復不少。昔司馬文正為諫官，奏乞禁天下葬書。而張無垢律葬巫以左道亂政，假鬼神時日卜筮以疑眾之辟。又涑水與橫浦、東山、梨洲四家，並辟鬼蔭。前清名臣張清恪、朱文端、蔡文勤、徐健庵以及儒者張稷若、張考夫、盧子弓輩，均斥風水之非，其言激烈切直，固深冀流俗之一悟。若翁普恩東安禁金罐示，痛言遷葬之害，亦有心世道之言也。再考《記言》成子高之葬，以擇不食之地為囑，以為死不可有害於人。《博物志》言澹台子羽之子溺於水，遂以水葬之。《墨子·節葬篇》言堯道死葬蛩山之陰，舜道死葬南已之市，禹道死葬會稽之山。《屍子》言禹治水為喪，法使死於陵者葬於陵，死於澤者葬於澤。《呂氏春秋·安死篇》意同，無所謂吉凶也。唐呂才亦引古之葬者，皆於國都之北，兆域有常處，以證古不擇地。此種迷信古今有識之士皆能勘破。若夫曹操作疑冢，令人莫識其處，以免發掘。而魏祚不永，魚朝恩盜發汾陽父墓，而於汾陽之富貴壽考，不損毫末。試問信風水者，何所據以信其必然乎！當此民窮財盡時代，而迷信不破，勢非焚禁葬書，嚴治葬師，並定阻撓開礦之律不可也。悲夫！

第十三節　言語

（甲）名稱。一官、南北朝謂帝為官，是也。二公、南北朝朝士相呼為公，是也。《宋書・顏延之傳》：延之與何偃從上南郊，偃路中遙呼延之曰：『顏公』。延之以其輕脫，答曰：身非三公之公，又非田舍之公，又非君家阿公，何以見呼為公？《北史・李幼康傳》：齊文宣語及楊愔，誤稱為楊公。此見公為平日熟稱，故出於不覺。又按以稱公為輕脫，自漢有之。高祖稱所送徒曰公，見《本紀》。晁錯父稱錯為公，見錯傳。三兒、對兄亦自稱兒。齊《安德王延宗傳》後主謂其兄延宗曰：并州阿兄取兒今去，是也。四娘、《北史・后妃傳》：言齊之姬侍稱娘，是也。五卿、陸慧曉、斛律信皆以卿為輕賤之稱，是也。《南齊書・陸慧曉傳》：未嘗卿士大夫。或問其故，曰：貴人不可卿，而賤者可卿。《北史・斛律光傳》：祖信少年時，父遜為李庶所卿，因詣庶，謂庶曰：暫來見卿，還辭卿去。庶父諧，杖庶而謝焉。六內外兄弟、舅子為內兄弟，姑子為外兄弟，而亦有以舅子為外兄弟者。《宋書・隱逸宗炳傳》：母同郡師氏傳，末又云：炳外弟師覺授，是也。《顏氏家訓・風操篇》曰：「昔侯霸之子孫稱其祖父曰家公，陳思王稱其父為家父，母為家母，潘尼稱其祖父曰家祖。及南北風俗，言其祖父及二親無云家者，田里偎人，方有此言耳。凡與人言言己世父，以次第稱之。凡姑姊妹女子子，已嫁則以夫氏稱之，在室則以次第稱之。凡稱彼祖父母、世父母、父母及長姑，皆加尊字。自叔父以下，則加賢字。姪名雖通男女，並是對姑之稱。晉世已來，始呼叔姪。凡家親世數，有從父、有從祖、有族祖。江南風俗自茲已往，高秩者通呼為尊，同昭穆者百世猶稱兄弟。若對他人稱之，皆云族人。河北士人雖三二十世，猶呼為從伯從叔。至於外祖

父母，河北人皆呼為家公家母。江南田里間亦言之，則非合理，當加外字以別之。」此亦可見當時名稱之大概矣。

（乙）諺語。生女耳耳。《三國志・魏崔琰傳》。上車不落則著作，體中何如則秘書。《顏氏家訓・勉學篇》。積財千萬，不如薄技。同上。博士買驢，書券三紙未有驢字。同上。上山斫檀，樸樕先殫。郭璞《爾雅注》引。按《正義》引陸機詩疏：檀與系迷相似，系迷一名挈橰，故齊人諺曰云云。樸作挈。尺牘書疏，千里面目。《顏氏家訓・雜藝篇》。越阡度陌，互為主客。《文選注》。射的白斛米百，射的元斛米千。《水經注》：射的，山名。遠望狀若射侯，土人以驗年之登否。蚖珠千枚，不及玫瑰。梁任昉《述異記》引南海諺。種千畝木奴，不如一龍珠。同上越人諺。雖有神藥，不如少年。雖有珠玉，不如金錢。《述異記》引。山川而能語，葬師食無所。肺腑如能語，醫師色如土。《山經》。教婦初來，教兒嬰孩。《顏氏家訓》引。數面成親舊。陶潛《答龐參軍詩》序引。官無中人，不如歸田。魯褒《錢神論》引。

（丙）方言

兄兄家家，姐姐妹妹　《北齊書・南陽王綽傳》：綽兄弟皆呼父為兄兄，嫡母為家家，乳母為姐姐，婦為妹妹。

爹　《南史・梁始興王憺傳》人歌曰：始興王人之爹。爹，徒我切，荊楚方言，謂父為爹。按《玉篇》：爹，屠可切，父也。又鉤斜切。

耶耶　《南史・王彧傳》：子絢讀《論語》周監於二代，何尚之

戲曰：可改耶耶乎文哉。尚之以下文鬱鬱乎郁，與或通故也。按唐無名氏《古文苑・木蘭詩》：卷卷有耶名。宋章樵注耶以遮切。今作爺，俗呼父為爺。杜甫《兵車行》：耶娘妻子走相送。又《北征詩》：見耶背面啼。以父為耶，六朝及唐多有。

豆盧　北人謂歸義為豆盧，見《北史・豆盧革傳》及《隋書・豆盧勣傳》。

楊婆兒　《南史・齊鬱林王本紀》：在西州，令女巫楊氏禱祠速求天位。及文惠薨，謂由楊氏之力，備加敬信，呼楊婆。宋氏以來，人間有楊婆兒歌，蓋此徵也。洪氏頤煊《諸史考異》按《袁彖傳》：於時河潤為文惠太子作楊畔歌，辭甚惻麗。《隋書・音樂志》：其歌曲有陽畔，後呼楊叛兒。皆此曲一聲之轉。按今江西湖南俗，呼男女輕佻為陽畔，呼物不堅實而外華美，為陽畔貨。

呼楊為贏　《隋書・五行志》：時人呼楊姓多為贏。洪氏頤煊《諸史考異》按《文選》祭顏光祿文李善注：郭璞《三蒼解詁》曰：楊音盈，匡謬正俗文。據晉灼《漢書音義》：反楊惲為由嬰，謂楊姓舊有盈音，蓋是方俗語。

猶自可　《宋書・王元謨傳》：軍士為之語曰：寧作五年徒，莫逢王元謨，元謨猶自可，宗越更殺我。

善見觀　猶今人言仔細識認也。《南史・齊高帝紀》：休范已斬蕭道成，登城謂亂者曰：身是蕭平南，諸軍善見觀。

霹靂　野虜　《梁書・曹景宗傳》：景宗謂所親曰：拓弓弦作霹

霹聲。又《臘日宅》中作野虜驅逐，《南史》作邪呼。蓋驅鬼呼叫聲。按吾袁郡語，以霹靂二字狀火燒物聲，及人性躁暴。

尋　《齊書》：文帝幸豫章王嶷第，須由宋寧陵道過，帝曰：我便是入他冢墓裡尋人。

㕻　魏李登《聲類》：於耒反，今南人痛則呼之。

鼾　呼干反，江南行此音，見晉郭洪《要用字苑》。

萎　魏李登《聲類》：草木，萎也，關西言萎，山東言蔫，江南亦曰矮。

雞伏卵　通俗文，北燕謂之菢，江東呼蓲，音央富反。

生人婦　魏《杜畿傳》：臣前所錄皆亡者，妻今儼送生人婦也。

奇怪　《北史·魏道武紀》：保者以帝體重於常兒，竊獨奇怪。又《五代史·羅紹威傳》：紹威父弘信，狀貌奇怪。

見怪　臧洪《答陳琳書》：言甘見怪。

褲襠　見《北齊書·陸法和傳》。

一兩處　《魏志·華佗傳》：若當炙不過一兩處，若當針亦不過一兩處。

鹽　《全唐詩話》：隋曲有疏勒鹽，唐曲有突厥鹽、阿鵲鹽，或云關中謂好為鹽。故施肩吾詩云：顛狂楚客歌成雪，嫵媚吳娘笑是

鹽。蓋當時語也。今杖鼓譜中尚有鹽杖聲。

音信　沈約《銅鞮歌》：若欲寄音信，漢水向東流。又李白詩：不見眼中人，天長音信斷。

家信　《北史・劉璠傳》：璠在淮南，其母在建康遘疾，璠未之知。忽一日舉身楚痛，尋而家信至。

家務　《南史・張務傳》：率嗜酒，於家務尤忘懷。

不牢　《吳志・呂范傳》注：一事不牢，即俱受其敗。

留住　陳琳《飲馬長城窟行》：邊城多健少，內舍多寡婦，作書與內舍，便嫁莫留住。白居易詩：光陰縱惜難留住，毛滂席上詞先遣，歌聲留住欲歸雲。

滯貨　《抱朴子》：和璧變為滯貨。

夠　多也，足也。左思《魏都賦》：繁富伙夠，不可單究。

捷　力展切。《南史》：何遠為武昌太守，以錢買井水，不受錢者，捷水還之。捷者，搬運也。今吳語搬茶捷水。

嬲　《嵇叔夜書》：嬲之不置。今嘉定俗，言人戲擾不已，及做事不循理曰嬲。音如裊。

凊　《避暑錄話》：劉惔盛暑見王導，導以腹熨彈棋局云：何乃凊。惔出，人問王公何如，惔曰：未見他異，唯聞吳語，嘗謂凊為冷。吳人語今二浙乃無此語。

事際　有事也。《南史》：王晏專權，帝雖以事際須晏，而心惡之。今蘇州語謂有事曰事際。

過世　《秦符登傳》：陛下雖過世為神。今謂死為過世。

寧馨　晉山濤謂王衍：何物老嫗，生寧馨兒？《容齋隨筆》：寧馨，晉宋間人語助耳。今吳語多用寧馨為問，猶言若何也。城陽居士《桑榆雜錄》：寧猶言如此。馨，語助。江南志書以《雜錄》所釋為是。

子細　《北史·源思禮傳》：為政當舉綱，何必太子細也。杜詩：野橋分子細。

停待　《晉書·愍懷太子傳》：陛下停待。

匡當　當去聲，韓子人主漏言，如玉卮無當。《廣韻》：當，底當也。徐鉉云：今俗猶有匡當之言。

不耐煩　《庚炳之傳》：為人強急而不耐煩。

寒毛　《晉書·夏統傳》：聞君之談，不覺寒毛盡戴。

綿絮　《晉書·徐則傳》：雖隆冬沍寒，不服綿絮。

抽替　匱有板匣者，見《宋書》。

一頓　晉僕射陶太常詣吳領軍，日已中，客比得一頓食。《世說》羅友曰：欲乞一頓飯。杜詩：頓頓食黃魚。

一出　謂一番也。《世說》林道人云：今日與謝孝劇談一出來。

儂　《大業拾遺記》：煬帝宮中喜效吳言，故多儂語。《湘山野錄·錢王歌》：你輩見儂的歡喜，永在我儂心子裡。嘉定俗呼我為吾儂，呼人曰你儂，對人呼他人曰渠儂，故嘉定號三儂之地。

傖　《晉陽秋》云：吳人謂北人為傖。《韻會》：吳人罵楚人曰傖。今俗罵人曰個傖，是也。陸抗曰：幾作傖鬼。顧辟疆曰：不足齒之傖。陸機罵左思為傖父，欲作《三都賦》。宋孝武目王元謨為老傖。

老奴　單故謂嵇康曰：老奴汝死是其分。

雜種　《晉書·前燕載記贊》曰：蠶茲雜種。梁《邱遲書》：姬漢舊邦，無取雜種。今俗罵人曰雜種。

冤家　梁簡文始生，志公賀梁武曰：冤家亦生矣。蓋指侯景亦生於是歲也。今俗謂仇人為冤家。

小鬼頭　《青樓集》：曹娥秀呼鮮于伯機為伯機鮮于，佯怒曰：小鬼頭，敢如此無禮。

妗婆　妗音鉗。晉書妗姆、尼僧。妗，婆之老者，能以甘言悅人，故曰妗。今嘉定罵老婦曰妗婆。

後生子　鮑明遠《少年時至衰老行》篇云：寄語後生子，作樂當及春。今吾江西及湖南均有此語，但子讀為仔，亦有謂後生客者。

珠兒珠娘　《述異記》：越俗以珠為上寶，生女謂之珠娘，生男謂之珠兒。

家嫂　《晉書·謝朗傳》：謝安謂坐客曰：家嫂辭情慷慨，恨不使朝士見之。

舍弟　魏文帝《與鍾繇謝玉玦書》：是以令舍弟子建，因荀仲茂時，從容喻鄙意。

家兄　《晉書·謝幼度傳》：戴逵對謝安曰：下官不堪其苦，家兄不改其樂。謂其兄逵也。又魯褒《錢神論》：雖有中人而無家兄，是猶無足而欲行，無翼而欲翔也。

鄉里　謂妻也。《南史·張彪傳》：我不忍令鄉里落它處。姚寬曰：猶會稽人言家裡。

傑俶　《玉篇》：燕之北郊曰傑俶，謂形小可憎之貌。

把穩　《晉書·姚萇載記》：陛下將牢大過耳。注：將牢，猶俗言把穩。

草驢女貓　顧亭林《日知錄》：今人謂牝驢為草驢。《北齊書·楊愔傳》：選人魯漫漢在元子思坊橋，騎禿尾草驢。是北齊時已有此語。山東、河北人謂牝貓為女貓。《隋書·外戚獨孤陀傳》：貓女可來無住宮中。是隋時已有此語。

果然　《宋書·后妃傳》：今果然矣。盧肇詩：果然奪得錦標歸。

高興　殷仲文詩：獨有清秋日，能使高興盡。今通謂歡喜為高興，不快意則云不高興。吾萍語謂有興致曰有興頭。

憨　《玉篇》：愚也，痴也。《廣韻》：呼談切，音蚶。吾江西及湖南皆有此語，但音如諳，或如限。

皂白　《北史・魏臨淮王傳》：中山皂白太多。今俗謂不辨黑白，曰不分皂白。按《玉篇》：皂，黑色也。《釋名》：皂，早也。日未出時，早起視物皆黑，此色如之也。《周禮・地官大司徒》：其植物宜皂物注：皂柞栗之屬，或作早。《韻會》：今世謂柞實為皂斗，柞即橡也，其房可以染，俗因謂黑色為皂。又《博雅》：緇謂之皂。而今俗謂以物染布曰皂布。

曉事　《魏志・曹真傳》注：桓范前在台閣，號為曉事。

瀟灑　《唐史・隱逸傳》：神權瀟灑。又李白詩：一身自瀟灑。

相罵　《隋書・流求國傳》：文言相罵。

老拳　《晉書・石勒載記》：孤往日厭卿老拳。

待客　《宋書・孝武文穆皇后傳》：江斅讓婚表曰：當賓待客，朋友之義。

接客　《宋書・王惠傳》：為吏部尚書，未嘗接客。

阿堵　即若個、這個，兀的之意也。《晉書・王衍傳》：舉卻阿堵中物。

笨伯　《晉書》：史疇以人肥大，時人目為笨伯。笨，《廣韻》：蒲本切，音獖。

浮浪人　見《隋書》。

令弟　《文選》謝靈運從弟惠連云：末路值令弟酬問，開顏披心。

分外　魏《程曉傳》：上不責非職之功，下不務分外之賞。

致意　《晉書‧簡文帝紀》：帝謂郗超曰：致意尊公。《孫綽傳》桓溫曰：致意興公。興公，孫綽之字。

料理　《晉書‧王徽之傳》：卿在府日久，比當相料理。

弄　《南史》：蕭諶接鬱林王出延德殿西弄，弒之。弄，巷道也。

多許　《隋書》天下何處有多許賊。許，音若，黑寡切。

一頭　謂食也。晉元帝謝賜功德淨饌一頭，謝齋功德食一頭。又劉孝威謝賜果食一頭，見《北戶錄》。

家釀　《增韻》：後人謂酒為釀。《世說新語》劉惔曰：見何似道飲，令人欲傾家釀。

八米　《北齊書‧盧師道傳》：擇盧師道之詩得八首，人稱八米盧郎。姚令威《西溪叢語》曰：八米，關中語，歲以六米、七米、八米分上、中、下。言在穀取八米，取數之多也。

看人眉睫　見《南北史》。吾萍語謂人不知觀人顏色曰不知眉頭眼搖。搖，音如耀。

剝人面皮　《語林》：賈充謂孫皓曰：何以剝人面皮？皓曰：憎其顏之厚也。

笑得齒冷　《樂預傳》：此事人笑褚公，至今齒冷。

晉郭璞注《爾雅》，多用當時方言。然其中有普通者，如姑之子、舅之子、妻之昆弟、姊妹之夫，皆為甥。夫之兄為兄鐘，即兄公之轉。夫之女弟為女妹，兄弟之妻相謂為妯娌，妹謂之娣婦，謂之新婦。自呼為身，諜謂之細作，無憂謂之無恙，妖言謂之訛物，叢致謂之積集、謂之拘摟，酒食謂之饁饎，縫緻衣謂之㡀之類，是也。有特殊者，如河北人呼食為餐，謂待為俟。東齊呼息為呬，謂病為瘼，謂逮為遏。南陽人呼雨止為霽，齊人謂衣褐為攣，巴濮之人自呼為陽阿，荊州謂山形長狹者為巒，長沙謂小甕為瓵，南方呼翦刀為劑刀，韓鄭謂憐為怰之類，是也。又璞書成於江東，故引江東語為多。如江東通謂語為行，謂大為駔，呼病曰瘵，呼怰為憐，謂煖為燠，謂號為謔，呼母為㜀，音是。謂兄為昆，呼虹為雩，呼遷運為遷徙，呼地高堆者為敦，呼同門為僚婿，呼刻斷物為契斷，呼麋鹿之屬通為肉，呼帳為幬，呼雞少者為㹈之類，是也。

宋何承天《纂文》：吳人以積土為垛，兗州人以相欺為訛人，江湖以鋌為刈，魯人謂淅箕為淅囊，揚州以取魚留為昂，吳人以弻為筲，主關中以鷁為鴟，爛堆趙代以筥為笆。

第二章

唐

第一節　概論

科舉時代以有唐為開始，故唐代之風俗，可以科舉代表之。天下人心所注射，不離乎科舉也。唐代之科舉又可以文詞代表之，無所謂實學也。然其卒也，至無忠臣義士，效可睹矣。君子觀於唐之風俗，而始知科舉之害烈也。

第二節　飲食

唐人食品，有湯料、臛炙、膾蒸、丸脯、羹臛、餛飪餕餅、餛飪、糕酥、包子、燕異《貽謀錄》：宋仁宗誕日，賜群臣包子。即饅頭之別名。麵粽等名目。其所食之肉，除六畜外，兼用鹿、熊、驢、狸、兔、鵝、鴨、鶉子、鱅、鱉、蟹、蝦、蛤蜊、蛙等類。其製造之精妙，雞有蔥醋、乳瀹、剔縷三種，鵝有八仙盤、花折鵝糕兩種，鴨有交加鴨脂、生進鴨花湯餅二種，魚有乳釀鳳凰胎、魚白。金粟平餬、魚子。剪雲析魚羹、加料鹽花魚、屑吳興、連帶鮓六種，鱉有遍地錦裝、金丸玉葉膾二種，蟹有金銀夾花平截、藏蟹含春侯二種。炙品有升平炙筋頭春、炙活鶉子。光明蝦炙、火煉犢、龍鬚炙、金裝韭黃、艾炙、乾炙滿天星七種。麵有甜雪、清蒸聲音部麵蒸象蓬萊仙人，凡七十字。湯裝浮萍麵、婆羅門輕高麵四種。其參和數種為一種者，如鹿雞參拌，謂之小天酥。細治羊豕牛熊鹿，謂之五生。盤治魚羊體，謂之逡巡醬。薄治群物，入沸油烹，謂之過門香。見韋巨源《食譜》。而桃花醋、葫蘆醬、照水油，尤為俗間所貴重。至於研究食品之著名者，長安以張手美家為第一。而花糕員外，亦其次也。張手美家韋巨源《食譜》：長安閶闔門外通衢有食肆，人呼為張手美家。水產陸販，隨需而

供，每節則專賣一物，遍京輻輳，名曰澆店。每節專賣一物，如元日之元陽臠，人日之六一菜，上元之油畫明珠，二月十五之涅槃兜，上巳之手裡行廚，寒食之冬凌粥，四月八日之指天餕餡等，真可謂膾炙人口者也。花糕員外韋巨源《食譜》：長安皇建僧舍旁有糕坊，主人由此入貲為員外官，蓋高宗顯德中也，都人呼為花糕員外。研究最精之品，則有滿天星、操拌金糕、麋員外、糝花截肚、大小虹橋、木密金毛麵六種焉。此外則金陵為士大夫淵藪，家家研究烹飪，故有所謂建康七妙者。詳《食譜》。又朱象髓、白猩唇，當時以為異味。《劇談錄》。而熊翻家所製作之過廳羊，亦盛行於時。《雲仙雜記》：熊翻每會客至酒半，階前旋殺羊，令眾客自割，隨所好者採線繫之記號，畢烝之，客自認取，以剛竹刀切食，一時盛行，號過廳羊。其飲料不外茶酒等物，而於茶味之研究，較六朝以上獨精，觀《茶經》可知矣。

第三節　衣服

　　唐初士人以棠苧襴衫為上服，貴女工之始也。一命以黃，再命以黑，三命以纁，四命以綠，五命以紫。士服短褐，庶人以白。而袍襴、襴袖褾襈之制，始於太宗朝，其時袍為尋常供奉之服。長孫無忌請於袍上加襴，取象於緣，詔從之。馬周嘗上議曰：禮無服衫之文，三代之制有深衣，請加襴袖褾襈，為士人上服。開骻者曰缺骻衫，庶人服之。詔從之，是也。以半臂為輕佻之服，如房大尉家法不著半臂，是也。然唐初馬周上疏，請士庶服章，於中單上加半臂，以為得禮。馬縞《中華古今注》。豈衣服之時尚，固有不同歟。帶本古革帶之制，自秦漢以來，庶人服之。而貴賤通以銅為銙，以韋為鞓，六品以

上用銀為銙，九品以上及庶人以鐵為銙。唐貞觀二年，令三品以上以金為銙，服綠。庶人以鐵為銙，服白。太宗嘗於端午賜文官黑玳瑁腰帶，武官黑銀腰帶。示色不更改故也。又天子用九環帶，百官及士庶皆同幞頭，本名上巾，亦名折上巾，似以三尺皂羅後裹髮，蓋庶人之常服，沿至後周武帝，裁為四腳，名曰幞頭。唐侍中馬周更以羅代絹，又令重繫前後，以像二儀，兩邊各為三撮，以象三才，百官及士庶為常服。烏紗帽，自天子至於庶人皆服之。武德貞觀中，宮人騎馬多著冪䍦以障蔽全身。至神龍末，冪䍦殆絕。開元初，宮人馬上著胡帽，靚妝露面，士庶咸效之。天寶年中，士人之妻著丈夫靴衫鞭帽，內外一體焉。至女人之披帛，亦始於開元中云。《中華古今注》。

第四節　科舉之觀念及仕宦之現影

（甲）　好尚文詞。唐承六朝餘習，選賢授任，多在藝文。故當時習程典，親簿領，謂之淺俗。務根本，去枝葉，目以迂闊。武后時劉嶢上疏，謂古之作文必諧風雅，今之末學不近典謨。勞心於草木之間，極筆於煙雲之際。以此成俗，斯大謬也。可知士習之浮矣。開元以後，士無賢不肖，恥不以文章達。故楊綰、李德裕亦謂其徒長浮華，終無實用。

（乙）　崇重門閥。垂拱中納言魏元同疏稱：今貴戚子弟例早求官，或齠齔之年已腰銀印，或童丱之歲已襲朱紫。雖技能淺薄，而門閥有素。遂爾資望自高。張鷟《朝野僉載》張文成曰：選司考練，總是假手冒名。勢家囑請，手不把筆。即送東司，眼不識文，被舉南館。可見世家子弟之幸進，由於崇重門閥矣。

（丙）　重視進士。封演《聞見錄・貢舉篇》曰：唐代以進士登科為登龍門，釋褐多拜清緊。十數年間，擬跡廟堂。輕薄者語曰：及第進士，俯視中黃郎。落第進士，平揖蒲華長。落第尚可再舉，一得即躡清要。故平揖蒲州華州之令長。王定保《摭言》：唐之科舉，初明經、進士並重，後專重進士。縉紳雖位極人臣，不由進士出身，終不為美。劉餗《隋唐嘉話》：薛元超身為中書，尚以不由進士及第為恨。玉泉子、李德裕以己非由科第，恆嫉進士舉者。又《隋唐佳話》載進士曲江大宴，大牒教坊，請奏上御紫雲樓垂簾觀之。公卿家率以是日擇婿，車馬填塞，其心目中直以進士為神仙，不知幾生修到也。

（丁）　鑽營舞弊，不顧廉恥。《朝野僉載》：張昌宜為洛陽令，借易之權勢屬官，無不允者，風聲鼓動。有一人姓薛，齎金五十兩，遮而奉之，宜領金受其狀，至朝堂付天官侍郎張錫。數日失狀，以問宜。宜曰：我亦不記得，但有姓薛者。即與錫檢案內姓薛者六十餘人，並令與官。其蠹政也如此。鄭愔為吏部侍郎掌選，贓污狼藉。引銓有選人，繫百錢於靴帶上，愔問其故，答曰：當今之選，非錢不行。愔默而不言。南楚新聞江陵富民郭七郎之子，輸數百萬於鬻爵者門，竟以白丁易得橫州刺史，此買賣官爵者也。有仇士良之關節，而裴思謙可得狀頭。見王定保《摭言》。有裴垍相國之子之私議名氏。而常出入其家之僧人，可以為同鄉翁顏樞要求及第。見《玉泉子》。有元載署名之空函，至河北而其丈人可獲絹千匹。張固《幽閒鼓吹》。崔元翰為楊炎所引，欲舉進士，則先求題目為地。李肇《國史補》。賄賂公行，情偽百變，但求遂一己之私，又何事不可為？人心風俗之壞，至於此極。薛謙光所謂今之舉人，有乖事實，第宅喧競於州府，祈恩不

勝於拜伏。明制適下試遣搜敭，則驅馳府寺，請謁權貴，陳詩奏記，希咳唾之澤。摩頂至足，冀提攜之恩者也。武后時奏。至於李林甫、楊國忠因高力士得相，鍾紹京為相，而稱義男於中官。楊思勖之父楊歷，見蔡京所撰《楊歷碑》。李揆當國，以子侄事閹奴李輔國，呼之為五父。張炎之諂事薛師，郭霸之諂事來俊臣，宋之問以著名文人而諂事張易之。其卑污之行，有言之而適足污人口吻者。科舉時代之人才固應如是。元次山惡圓，至謂寧方為皂，不圓為卿。蓋亦憤時嫉俗之言也。

第五節　忠義之缺乏

安祿山之亂，唐臣貴如宰相陳希烈，親如駙馬張珀，皆甘心從賊，靦顏為之臣。此即處以極刑，豈得為過！乃廣平王收東京後，希烈等數百人押赴長安。崔器《定儀》注：陷賊官皆露頭跣足，撫膺頓首於含光殿前。令扈從官視之，並概請誅死。李峴爭之，以非維新之典，且謂陷賊者多，若盡誅之，恐堅從賊之心，乃議六等定罪。李勉之奏肅宗，與峴意同。新舊《唐書》皆是峴而非器，大概當日時勢，有不得不用輕典者。然一時權宜，用以攜離賊黨則可，若竟以峴所奏為正論，則非也。堂堂大一統之朝，食祿受官，一旦賊至，即甘心從賊，國法安在？故當時之是峴者，皆因六朝以來，君臣之大義不明，民人不復知有國家，其視貪生利己，背國忘君已為常事。有唐雖統一區宇已百餘年，而見聞習尚猶未盡改，顏常山、盧中丞、張睢陽輩激於義憤者，不一二數也。唐之後半部歷史焉得不成為藩鎮擅命之歷史哉！全氏祖望曰：收拾遺文，唐末忠義尚可得十餘人。司空圖、韓

偓、孫合、羅隱、王居岩、朱葆光、顏薈、李濤、梁震、黃岳、張鴻、梁昊是也。又有許儒，見《王荊公集》，然亦寥寥矣。其時女子轉有可風者，如肅宗乾元元年，青州婦人王娘請赴行營討賊，僕固懷恩叛唐。李日月為朱泚將，而其母皆知順逆之理。僕固懷恩之母，見其子不聽訓，提刀逐之，曰：吾為國家殺此賊，取其心以謝三軍。朱泚將李日月為渾瑊射殺，母不哭，罵曰：奚奴天子負汝何事，死且晚。劉辟亂於蜀，其嫂庚氏絕不為親，是也。唐之臣子對此能不愧死。

第六節　人民之規避稅役

《唐書·李德裕傳》：徐州節度使王智興奏准在淮泗設壇度人為僧，每人納二絹，即給牒令回。德裕時為浙西觀察使，奏言江淮之人聞之，戶有三丁者，必令一丁往落髮，意在規避徭役，影庇貲產。今蒜山渡日過百餘人，若不禁止，一年之內，即當失卻六十萬丁矣。按當時一得度牒，即可免丁錢，庇家產，甚至影射包攬，上不之禁，故趨之者若鶩。然食國家之恩惠，而以逋稅役義務為快，其國民之程度可知矣。

第七節　朋黨

唐之朋黨與漢之黨錮不同。漢之黨錮，起於甘陵二部相譏，而成於大學生相譽。唐之朋黨，始於牛僧孺李宗閔對策，而成於錢徽之貶。《唐書·李宗閔傳》：長慶初，錢徽典貢舉，宗閔托所親於徽，而李德裕、李紳、元稹在翰林，有寵於帝。共白徽取士不以實。宗閔坐貶，由是嫌忌顯，結樹黨相謀軋，凡四十年，縉紳之禍不能解。漢黨錮以節義，群而不黨之

君子也。以君子而受黨之名，故其俗清。唐朋黨以勢利，比而不周之小人也，以小人而趨勢利，勢利盡而止。故其衰季士無操行。論出王伯厚氏。

第八節　清議

唐代不以鄉論為重，故鄉論因之衰息。觀武后天授二年薛謙光論取士之弊，謂鄉議決小人之筆，行修無長者之論。又云：所舉非不詢於鄉閭，歸於里正。然雖跡虧名教，罪加刑典，或冒籍竊資，邀動盜級，假其賄賂，即為無犯鄉閭云云。則並六朝之不若矣。然愛國詩人若杜子美、韓昌黎、孟東野、元次山、杜樊川、白香山等所作詩多規諷時事，猶得風騷忠厚之旨焉。顧亭林曰：天下有道，則庶人不議。然則政務風俗苟非盡善，即許庶人之議矣。故盤庚之誥曰：無或敢伏小人之攸箴。而國有大疑，卜諸庶民之從逆。子產不毀鄉校，漢文止輦受言，皆以此也。唐之中世，此意猶存。魯山令元德秀，遣樂工數人，連袂歌于薦于，即德秀所作歌。元宗為之感動。白居易為盩厔尉，作樂府及詩百餘篇，規諷時事，流聞禁中，憲宗召入翰林。斯亦近於陳列國之風，聽輿人之誦者矣。

第九節　氏族

當時族望猶重，如李積門戶第一而有清名，常以爵位不如族望，雖官至郎中刺史，與人書札，猶稱隴西李積。李肇《國史補》。是也。然一亂於義男，當時義男最多。再亂於同姓通譜，李肇《國史補》：李嶠

與李迥秀同在廟堂，奉詔為兄弟。又西祖王璋，與信安王禕同產，故趙郡隴西二族，昭穆不定。一會之中，或孫為祖，或祖為孫。而氏族殆不可辨矣。又況私鬻告敕者之層見疊出乎！

第十節　家法

　　唐河東節度使柳公綽在公卿間最名有家法。中門東有小齋，自非朝謁之日，每平旦輒出至小齋。諸子仲郢，皆束帶晨省於中門之北。公綽決私事，接賓客，與弟公權及群從弟再會食，自旦至莫，不離小齋。燭至，則命一人子弟執經史，躬讀一過訖，乃講論居官治家之法，或論文，或聽琴，至夜深然後歸寢，諸子復昏定於中門之北。凡二十餘年，未嘗一日變易。其遇飢歲，則諸子皆蔬食，曰：吾兄弟侍先君為丹州刺史，以學業未成，不聽食肉，吾不敢忘也。公綽居外藩，其子每入境，郡邑未嘗知。既至，每出入，常於戟門外下馬，呼幕賓為丈，皆許納拜，未嘗笑語款洽。公綽之子仲郢以禮律身，居家無事，亦端坐拱手。出內齋，未嘗不束帶。三為大鎮，廄無良馬，衣不薰香。公退必讀書，手不釋卷。家法：在官不奏祥瑞，不度僧道，不貸贓吏法。朱子《小學》引。此柳氏家法之足垂教後世者。柳玭曰：「王相國涯，方居相位，掌利權。竇氏女歸請曰：玉工貨一釵奇巧，須七十萬錢。王曰：七十萬錢，我一月俸金耳，豈於汝惜。但一釵七十萬，此妖物也，必與禍相隨。女子不復敢言。數月，女自婚姻會歸，告王曰：前時釵為馮外郎妻首飾矣，乃馮球也。王嘆曰：馮為郎吏，妻之首飾有七十萬錢，其可久乎！馮為賈相餗門人，最密。賈有蒼頭頗張威福，馮召而勖之。未浹旬，馮晨謁賈，有二青衣蒼頭捧地

黃酒出，飲之，食頃而終。賈為出涕，竟不知其由。又明年，王賈皆遭禍。噫！王以珍玩奇貨為物之妖，信知言矣。徒知物之妖，而不知恩權隆赫之妖，甚於物邪。馮以卑位貪寶貨，已不能正其家，盡忠所事而不能保其身，斯亦不足言矣。賈之臧獲，害門客於牆廡之間而不知，欲終始富貴，其可得乎！此雖一事，作戒數端。」嗚乎！觀於柳氏之所以興，王賈馮之所以敗，居家者宜知所去取矣。

第十一節　婚娶

　　唐世婚禮納采，有合歡、嘉禾、阿膠、九子蒲、朱葦、雙石、綿絮、長命縷、乾漆九事。膠漆取其固，綿絮取其調柔，蒲葦取其心可屈可伸。嘉禾分福也，雙石義在雙固也。當迎婦以粟三升填臼，席一枚以覆井，枲三斤以塞窗，箭三隻置戶上。婦上車，婿騎而環車三匝。女嫁之明日，其家作黍臛。女將上車，以蔽膝覆面。婦入門，舅姑以下皆從便門出，復從門入，言當躝新婦跡。又婦入門，先拜豬欄及灶，行禮則夫婦並拜，或共結鏡紐。娶婦之家，喜弄新婦。臘月娶婦不見姑。《酉陽雜俎》。通婚最重族望，依然六朝之風。李日知貴，諸子方總角，皆通婚名族。李懷遠與李林甫善，常慕與山東著姓為婚姻，引就清列。張說好求山東婚姻，與張氏親者，皆為門甲。四姓鄭氏，不離滎陽。岡頭盧、潭底李、土門崔皆為顯族。竇威嘗謂關東人與崔盧婚者，猶自矜大。見《匯苑》及《合璧事類》。蓋結婚者以得望族為榮，而望族若太原王、范陽盧、滎陽鄭、清河博陵二崔、隴西趙郡二李等七姓，又恃其族望，恥與卑族為婚。自高宗禁其自相姻娶，於是不敢復行婚禮，飾其女以送夫家焉。《隋唐嘉話》。山東士人嫁

娶，必多取資，人謂之賣婚。劉知幾《史通》。時又有冥婚之事。韋后為其弟洵與蕭至忠殤女冥婚。《唐書‧至忠傳》。是也。結婚自由。如李林甫之女於寶窗選婿，張嘉貞之女於繡幔牽絲《山堂肆考》。是也。離婚自由。如嚴灌夫以無子而欲出妻，妻作詩喻意而止。楊志堅之妻求離婚，顏魯公為撫州刺史而不能判其復合，《雲溪友議》。是也。

第十二節　賭博

　　唐時賭博之事，上自天子，下及庶人，不以為諱。武后竟自置九勝博局，令文武官分朋為此戲。《記纂淵海》。武三思與韋后雙陸，中宗至為之點籌。張賈出守衡州，上曰：聞卿大擅長行。賈曰：臣公事之餘，聊與賓客為戲，非有所妨也。楊國忠乃以善摴蒲得入供奉焉。蓋當時博戲，長行最盛，王公大人莫不耽玩。至於廢慶吊，忘寢食，有通宵而戰者，有破產而輸者。李肇《國史補》。雙陸最近古，號雅戲，始於西竺，流於曹魏，盛於梁陳魏齊隋唐之間。宋洪邁序。高宗咸亨中，貝州潘彥好雙陸，每有所詣，局不離身。曾泛海遇風船破，彥右手持一板，左手抱雙陸局，口啣雙陸骰子，二日一夜至岸，兩手見骨，局終不捨，骰子亦在口，其癖一至於此。《朝野僉載》。此所謂上有好者，下必有甚者也。其時糾率摴蒲者謂之公子家，又謂之錄事，又謂之囊家。《山堂肆考》。李翱作《五木經》，志摴蒲之事最詳，雖遊戲之文字乎，抑亦有所寄託也。

第十三節　鬥雞走馬養鷹

　　唐時鬥雞之戲，最盛於上巳之辰。元宗在藩邸樂此戲，及即位，治雞坊於兩宮間，索長安雄雞千數，養於雞坊。選六軍小兒五百人，使馴擾教飼。上之好之，民風尤甚，諸王世家傾帑破產，市雞以償雞值，都中男女以弄雞為事，貧者弄假雞。賈昌以善弄雞，得為五百小兒長。開元十四年，昌之父忠從封東嶽道死，得旨沿途護送喪車，天下號昌為神雞童。時人為之語曰：生兒不用識文字，鬥雞走馬勝讀書。陳鴻《東城老父傳》。斯亦元宗之不善作則者矣。按鬥雞之事，始於春秋時之季郈，季平子郈昭伯。至戰國而齊俗最盛。鬥雞之外，兼及縱犬，與當時走馬之戲並行。至漢而養鸚鵡者紛紛矣。唐代除鬥雞走馬外，李義山《雜纂》以重孝鬥雞走馬為顛狂，則無孝服時，常為之矣。養鷹之事，亦盛行於俗間，此段成式所以有肉攫部之作也。夫走馬本足以厲尚武精神，較之鬥雞養鳥猶為有益。然游閒公子流連忘返，因之傾家蕩產，或大啟鬥爭者，屢見不一見，竟與無業遊民之斗鳥鬥蟋蟀同為敝俗焉，可勝嘆哉！

第十四節　游宴

　　王仁裕《開元天寶遺事》云：都人士女每至春時，各乘車跨馬，供帳於園圃或郊野中，為探春之宴。又云：長安有平康坊，妓女所居之地，京都俠少萃集於此。兼每年新進士以紅箋名紙游謁其中，時人謂此坊為風流藪澤。而孫棨《北里志》謂曲中諸妓之母皆假母，妓入其中，則無以自脫。諸妓多為富豪輩，日輸一緡於母，謂之買斷。諸妓以出里艱難，南街保唐寺有講席，多以月之八日相率聽焉。皆納其

假母一緡，然後能出於里。其於他處，必因而游，或約人與同行，則為下婢而納貲於假母。故保唐寺每三八日士子極多。然大中以前，北里頗為不測之地，往往有謀殺人之事。王式、令狐滈嘗目擊之，幾罹其毒云：蓋自來輦轂之地，士女必極豪華，而士大夫之游宴歌舞，雖盛世亦不之禁。謝安所謂不爾何以為京師也。且自六朝以來，士大夫挾妓飲酒賦詩，本屬尋常之事，唐代重視進士，進士之所玩狎，當時並傳為嘉話。故新進士贈妓之詩，唐人獨多。而士大夫之贈妓以詩者，亦復不少。揚州風景，秦淮夜月，名士詩人，風流自賞。或半生薄倖，或別有懷抱，如杜牧之白香山等。識者乃於此覘世運焉。

第十五節　任俠刺客

唐代任俠刺客如段成式《劍俠傳》所述之車中女子、僧俠、京西店老人、蘭陵老人、盧生、聶隱娘、荊十三娘、田膨郎、紅線、崑崙奴、賈人妻、虯鬚叟等及《江行雜錄》所述之李龜壽，其趨人之急，而又不輕示人以技，許人以身，綽有古風。其胸次則遜古人遠甚。又唐代盜殺宰相有二事。其一，元和十年盜殺武元衡，刺裴度傷而免，王承宗之所遣也。其一，開成三年盜刺李石，以馬逸得脫，仇士良之所遣也。蓋是時藩鎮宦官皆得以暗殺手段挾制朝廷。唐事已不可為，而為藩鎮宦官所用之刺客，其人格亦不足數矣。

第十六節　械鬥

唐杜佑《通典》：五嶺以南，人雜夷獠，不知教義，以富為雄。鑄銅為大鼓，初成懸於庭中，置酒以招同類。人多構仇怨，欲相攻

擊，則鳴此鼓。有此鼓者，號為都老。《海槎餘錄》：黎人皆善射好鬥，積世之仇必報。每會聚，親朋各席地而坐，飲酣顧梁上弓矢，遂奮報仇之志，而眾論稱焉。其弓矢，蓋其祖先有幾次鬥敗之恥，則刻箭幾次，射於梁上以記之者也。飲醉，鼓眾復飲，相與叫號作狗吠聲，自云本係狗種，欲使祖先知而庇之也。以次則宰羊羔肉，俵散就近村落，無不踴躍接受，克日起兵。仇家聞之，亦如此法。募兵應敵臨陣，遇府縣公差人役，樂請觀戰。兩家婦女亦各集本營，當退食之時，婦女爭出營認箭，兩不拘忌。其俗云男子仇則結於男子面上，若及女子，則其家更深仇怨矣。其勝敗追奔亦各有程度。不少逾其數，中罹鋒鏑死者，父母妻子諱不悲泣，恐敵人知其不武也。觀此二說，而知械鬥本野蠻之俗所常有，蓋不自唐始也。然由唐以至於今，經數千年之文化，而兩粵及吾江西之吉贛樂平等處，械鬥之案猶層見而疊出，豈其野蠻之俗竟不可變耶。嗚呼！使移其私鬥之勇而用之於公戰，則尚武之風一倡百和。於以振中國民族之衰弱，豈非卓卓焉軍國民之資格哉！惜其梗化而莫之悟也。

第十七節　巫覡

　　昔者聖人處未開化之時代，知神權迷信之難以猝破也，故本神道以設教，而巫覡在所不禁。觀《周禮・春官》可知矣。春秋以降，淫祀漸興，詛祝多有，桑田之巫、梗陽之巫、及楚之范巫緣是以出。漢時乃有巫蠱，以至六朝，巫覡盛行。《顏氏家訓》至目之為妖妄。然信巫覡者至唐而又甚焉。元宗之封東嶽也，用老巫阿馬婆以禮岳神。《開天傳信記》。王璵之相肅宗也，分遣女巫於各州縣，惡少數十人隨

之，所到橫索金帛。唐《國史補》。棣王琰之二孺人爭寵也，密求巫者置符琰履中以求媚。《唐書》本傳。奉巫覡為神明，號巫覡為天師，不但用之醫病祈福祈雨也，即升遷之事亦決之於巫覡。如范攄《雲溪友議》所載：石州巫言石雄升遷之事悉驗，是也。然韋覲為太僕，使巫禱求節度使，而卒貶潘州司馬。《雲溪友議》。趙彥昭以巫力得宰相，為御史郭震所奏。姚崇執政，卒貶江州別駕。《隋唐嘉話》。巫覡之術安在乎！《靈異記》又載：白行簡生魂求食，中巫術而死。蘇州巫趙十四平日能致生魂，又曾以術致許至雍妻之死魂，其說尤怪誕，而世俗信之。大抵當時社會上迷信巫覡，已成為一種之神經病。雖有崔鄲之毀金天神像，杖責神巫董氏，《酉陽雜俎》。狄惟謙之因求雨不驗，杖殺女巫郭天師，《劇談錄》。而信之者如故也。彼李嘉祐王建賽神之詩其猶有醒俗之意乎。

第十八節　言語

郎　郎之名起自秦漢郎官，而吳中之呼周瑜為周郎，（《三國志》）吳民之呼孫策為孫郎，（《江表傳》）僮隸之呼桓石虔為鎮惡郎，（《世說》石虔小字鎮惡）軍士之呼獨孤信為獨孤郎，（《後周書》）由來已久，故唐人多用之。溫大雅《大唐創業起居注》：時文武官人並未署置。軍中呼太子秦王為大郎、二郎，此與隋時人之呼滕王瓚為楊三郎（《隋書》）同。張易之、張昌宗有寵，武承嗣、武三思、宗楚客、宗晉卿等候其門庭，爭執鞭轡。呼易之為五郎，昌宗為六郎。鄭杲謂宋璟曰：中丞奈何卿五郎？璟曰：以官言之，正當為卿。足下非張卿家奴，何郎之有？安祿山德李林甫，呼十郎。王縉謂

王琪為七郎。李輔國用事，中貴人不敢呼其官，但呼五郎。程元振軍中呼為十郎。陳少游謁中官董秀稱七郎。甚至臣下稱天子亦謂之郎。《唐書·韋堅傳》：三郎當殿坐，看唱得寶歌。三郎謂元宗，以其行第三，故呼三郎也。曾祖呼曾孫亦謂之郎。劉賓客《嘉話錄》：元宗呼德宗為崽郎，是也。然郎實為奴僕稱其主人之辭，觀宋璟之言可知。又隋京兆韋袞之奴，稱袞為郎君，見張鷟《朝野僉載》。而《通鑑》注亦云：門生家奴呼其主為郎，今俗謂之郎主。蓋自唐以後，僅奴稱主人通謂之郎矣。

哥　哥之稱謂，隨時而異。有以之稱帝王者。《漢武故事》：王母命侍者四拜答哥哥，是也。有以之稱子者。宋王荊公謂子雱曰：大哥。趙善湘語子范曰：三哥甚有福（謂第三子葵）是也。有以之稱弟者。宋欽宗臥太后車前，曰傳語九哥（謂高宗）是也。唐人則竟呼父為哥。觀《舊唐書·王琚傳》：元宗泣曰：四哥（睿宗行四）仁孝，同氣惟有太平。元宗子《棣王琰傳》：惟三哥（元宗行三）辨其罪可知。按今人稱兄為哥，而六朝或呼父為兄，（見北齊諸王）唐人之呼父為哥，固無足異。總之，哥為兄之別稱，若唐元宗與寧王憲書稱大哥。以哥稱其兄，尚不失為正。五代晉王存勖呼張承業為七哥，孔謙呼伶人景進為八哥，亦稱兄長。

宅家　天子原有天家、大家、官家之稱。蔡邕《獨斷》：天家，百官小吏之所稱，天子無外，以天下為家，故稱天家。親近侍從官稱天子為大家。《晉書·五行志》：義熙初童謠曰：官家養蘆化為荻，蘆生不止自成積。《湘山野錄》：五帝官天下，三王家天下，故曰官家是也。唐時宮中則呼天子為宅家。《通鑑》：唐昭宗乾寧四年，韓

建發兵圍十六宅，諸王呼曰：宅家救兒。昭宗光化三年，劉季述等至思政殿，皇后趨至，拜曰：軍容勿驚宅家。是也。《資暇錄》：官家又稱宅家，言以天下為宅，四海為家也。

官人　南人稱士人為官人。韓昌黎《王適墓誌銘》：一女憐之必嫁官人，不以與凡子。杜子美《逢唐興劉主簿詩》：劍外官人冷。

好漢　《新唐書・張柬之傳》武后謂狄仁傑曰：安得一奇士用之？仁傑曰：荊州長史張柬之，宰相才也。《舊唐書》入此事仁傑傳，奇士作好漢。《能改齋浸錄》事實編引東坡詩云：人間一好漢，誰似張長史。謂男子為漢，唐已有之。元宗謂吉溫為不良漢，見《舊唐書・酷吏溫傳》。劉蕡為楊嗣復門生，對策忤時，仇士良謂嗣復曰：奈何以國家科第，放此風漢。見《玉泉子》。鄭愔罵選人為麋漢，見《朝野僉載》。又窮漢見《義山雜纂》。

娘子　始於隋柴紹妻典兵之呼娘子軍。昌黎有祭周氏十二娘子文。花蕊夫人宮詞：諸院各分娘子位。《北里志詩》：兩頭娘子謝夫人。蓋以為婦女之通稱矣。幼女亦稱小娘子。見《玉泉子》。

丫頭　劉賓客詩：花面丫頭十二三。

阿妳　李義山《雜纂》七不稱意內云：少阿妳。李賀稱母曰阿䕞。《正字通》、《通雅》曰：沐猴獼猴，母猴也。《前漢・西域傳》沐猴注：沐猴即獼猴母，音轉如馬，方言呼母曰䕞，此其證也。

半子　《唐書・回紇傳》：咸安公主下嫁可汗，上書恭甚，其言昔為兄弟，今為半子也。

檀郎　李義山詩：謝傅門庭舊未行，今朝歌管屬檀郎。李賀詩：檀郎謝女眠何處。

親家　男女締姻者，兩家相謂為親家。見《唐書‧蕭嵩傳》。

花娘　陶隱居《輟耕錄》云：娼妓為花娘。李賀《申胡觱篥歌》序：命花娘出幕徘徊拜客是也。今嘉定俗罵婦人之賤者曰花娘，吾江西罵婦人之賤者曰婊子，又謂娼妓為花婆子。

家生兒　《史記‧陳勝傳》：免驪山徒人奴產子。師古曰：奴產子，猶人云家生兒也。今俗謂奴僕為家人，或曰管家。而嘉定俗謂奴婢所生子，亦曰家生兒。

阿奢　媼婿也。《通鑑》：竇懷貞再娶韋后乳媼為妻，奏請輒自署阿奢，不慚。

矬　七禾反，短身也。《唐書‧王伾傳》：伾貌矬陋。《玉泉子》裴垣謂子勳曰：矬人饒舌。

郎當　不強健也，見《唐書》。按一作鋃鐺。《說文》：鎖也。《前漢‧王莽傳》以鐵鎖鋃鐺其頸注：亦訓長鐺。《六書故》：鋃鐺之為物，連牽而重，故俗以困重不舉為鋃鐺。又《前漢‧五行志》作琅璫。

樓羅　《唐書‧回紇傳》：加冊可汗為登里頡咄登蜜施含俱錄英義建功毗伽可汗。含俱錄，華言婁羅也，蓋聰明才敏之意。《鶴林玉露》：僂儸，謂猾也。《五代史‧劉銖傳》：諸君可謂樓羅兒矣。《宋

史》：張思鈞起行伍，征伐頗有功，質狀小而精悍。太宗嘗稱其樓羅，自是人目為小樓羅焉。則宋人用唐人之遺語也。然樓羅二字，究不始於唐觀，《酉陽雜俎》引梁元帝風人辭云：城頭網雀，樓羅人著。《南齊書》顧歡論云：婁羅之辨。《北史·王昕傳》：嘗有鮮卑聚語，崔昂戲問昕曰：頗解此不？昕曰：樓羅樓羅，實自難解可知矣。

措大　寒山子詩：個是何措大，時來省南院。《通鑑·唐文宗紀考異》曰：皮光業《見聞錄》曰：崔慎由寓直，有一中使引至一小殿，見文宗坐於殿上，有某徑登階，疏文宗過惡，上唯俛首。又曰：不為此扨木枕措大，不合更在此坐矣。街談以好拗為扨木枕。仍戒慎由曰：事洩即是此措大。慎由遂秘不敢言。李義山《雜纂》：必不來，窮措大喚妓女。相似鴉似措大，飢寒則鳴，不如不解，措大解音則廢業。

白袍子　唐士子入試，皆著白衣，故有白袍子何太紛紛之語。今俗謂未進身者為白衣人。按白衣白袍，與《管子·乘馬篇》之白徒，《北史·李敏傳》之白丁，《魏書·食貨志》之白民同。

底　唐張嘉貞為舍人，崔湜輕之，呼為張底。今嘉定俗，輕薄人亦呼為某家底。

村氣　劉餗《隋唐嘉話》：薛方徹尚丹陽公主，太宗嘗謂人曰：此乃薛駙馬村氣也。

夭邪　夭音歪。《唐詩》：錢塘蘇小小，人道最夭邪。夭邪，謂婦人身容不正也。

流落　《明皇雜錄》：李白、杜甫、孟浩然雖有文名，俱流落不偶。按一作留落。《史記・匈奴傳》：然而諸將常坐留落不遇注：謂遲留零落，不遇合也。又留本與流通，則謂流落與留落同義可也。

含胡　唐顏杲卿含胡而死。今俗謂人語不明了曰含胡。宋蘇長公《石鐘山記》：南聲函胡，亦謂聲不明了也。

辜負　謂虛人意也，見《唐書》。

欺負　李翊《俗呼小錄》：見陵於人為欺負。

羅師　張鷟《朝野僉載》：宗楚客除袁守一為監察御史，於朝堂抗衡於竇懷貞曰：與公羅師。羅師者，市郭小兒語無交涉也。

活計　生理也，出白樂天詩。

認得　白居易詩：一班遙認得。

記得　劉禹錫詩：記得雲鬢第一歌。

窮相　《摭言》：與鄭光業同居之人謝光業，有窮相骨頭之語。

背面　杜甫《北征詩》：見爺背面啼。李商隱詩：十五泣春風，背面鞦韆下。

錯認　《摭言》無名子嘲鄭薰詩：主司頭腦太冬烘，錯認顏標作魯公。

瑣細　杜詩：逶迤羅水族，瑣細不足名。權德輿詩：瑣細何以

報。又陸游詩：灑掃一庵躬瑣細。《卻掃編》：宣徽使本唐宦者之官，故其所掌皆瑣細之事。

花樣　《國史補》：薛兼訓為江東節制，密令軍中未有室者，於北地娶織婦以歸，歲得數百人，由是越俗大化，竟添花樣。

烏鬼　杜甫詩：家家養烏鬼。邵氏《聞見錄》：夔峽之人，正月十一日，為曹設牲酒於田間，已而眾操兵大噪，謂之養烏鬼。《漫叟詩話》：川人嗜豬，家家養豬，每呼豬作烏鬼聲，故謂之烏鬼。

當面　杜甫詩：奸佞每思當面吐。

差腳　《舊唐書·宣宗紀》：賜涇原、鳳翔、邠寧諸鎮絹制。有度支差腳支送之語。今謂專差及挑夫搬運夫亦曰腳子。

吃飯　杜甫詩：但使殘年飽吃飯，但願無事長相見。《傳燈錄》惠海禪師曰：我修道只是飢來吃飯，困來即眠。

零碎　《唐書·懿宗紀續》：據戶部牒稱州府除陌錢有折色零碎。白居易《老柳樹詩》：雪花零碎逐年減。

多半　方干送孫百篇《游天台詩》：更有仙花與靈鳥，恐君多半未知名。《林逋詩》：常憐古圖畫，多半寫漁樵。歐陽原功《西湖詩》：小船多半載吳姬。

無理取鬧　韓愈《食蝦蟆詩》：為聲相呼和，無理只取鬧。

穩當　杜牧詩：為報眼波須穩當，五陵遊客莫知聞。

來麰　《吳中記聞》：吳民呼來為麰，始於陸德明。貽我來牟，棄甲復來。皆音麰，蓋德明吳人也。

裡許　謂裡面也。溫岐詞：合歡桃核終堪恨，裡許原來自有人。

在何許　杜詩：我生本飄搖，今復在何許。

噫吁嚱　嘔　咶《弇州山人藁》：蜀人見驚異者曰噫吁嚱。晉音尊者嘔，左右應曰咶。故太白《蜀道難》：表聖休休，亭記用之。

懊　《廣韻》：烏皓切，音襖，惱也。《集韻》：恨也，或作怐。晉綠珠有懊儂歌。吾江西及湖南有所恨曰懊人，但音如愛，蓋懊本有愛忼之義。見郭璞《爾雅・釋言》：懊，忼也。注：人情因愛生惱，終為懊恨之意。且謂懊為愛，猶謂治為亂，謂洗為污，謂故為今，謂存為徂，謂嘉耦為好仇，語之反也。

憒懂　《廣韻》：心亂也，懂亦作懂。

眼睛　韓愈《月蝕詩》：念此日月者，為天之眼睛。

一樣　王建《宮詞》：新衫一樣殿頭黃。

早飯　白居易《履道西門詩》：行灶朝香炊早飯。又文天祥《簡李深之詩》：早飯帶星炊。張憲《寄天香師詩》：海龍邀早飯。

中飯　李頻《南遊詩》：向野聊中飯。

乘涼　李頻《南遊詩》：乘涼探暮程。

點心　《唐史》鄭傪夫人顧其弟曰：治妝未畢，我未及餐，爾且可點心。蓋謂小餐也。

快活　《翰林志》：梅詢為翰林學士，一日書詔頻多，構思甚苦。忽見老卒臥於日次，欠伸甚適。梅嘆曰：暢哉！徐問之，曰識字乎？曰不識。梅曰：更快活也。《五代史・劉昫傳》：三司諸吏聞昫相，相賀曰：自此我曹快活矣。《道山清話》：太皇之聖，稱為女堯舜。方其垂簾，每有號令，天下人謂之快活條貫。劉克莊詩：莫是後身劉快活。

寄信　張籍詩：寄信覓吳鞋。賈島詩：寄信船一隻。又歐陽修詩：寄信無秋雁。

乞相　《摭言》：薛逢晚年厄於宦途，嘗策羸馬赴朝，值新進士綴行而出，團師所由輩，見逢行李蕭條。前曰：迴避新郎君。即遣一介語之，曰：莫乞相阿婆，三五少年時，也曾東塗西抹來。

書魔　白居易詩：書魔昏兩眼。蘇軾午寢詩：平生尚有書魔在。

屬付　賈餗《大悲禪師碑》：一旦密承屬付，莫有知者。又朱子《題李氏遺經閣詩》：更得湖南親屬付，歸來端的有餘師。

商量　《大唐嘉話》：睿宗與群臣呼明皇為三郎，凡所奏請，必曰與三郎商量未。

用費　《唐書・崔仁師傳》：遷度支郎中，嘗口陳移用費數千名。

送行　高適詩：只言啼鳥堪求侶，無那春風欲送行。

好處　韓愈詩：最是一年春好處。鄭谷詩：村逢好處嫌風便。

喜事　韓愈《燈花詩》：更煩將喜事，來報主人公。

方便　元稹《台中鞫獄詩》：死款依稀取，斗辭方便刪。又《維摩經》：摩詰以無量方便，饒益眾生。

摘茶　採茶　韓偓詩：生涯采芝叟，鄉俗摘茶歌。溫庭筠詩：採茶溪樹綠。又陸游詩：採茶歌裡春光老。

對面　《唐書・房喬傳》高祖曰：若人機識，是宜委任，每為吾兒陳事，千里外若對面語。杜甫詩：忍能對面為盜賊。楊萬里詩：對面一雙峰。陸游詩：舟中對面不得語。

熱鬧　《清異錄》武宗謂王才人曰：朕非不能取熱鬧快活，正要與絃管尊罍，暫時離別。白居易詩：熱鬧漸知隨念盡。

什麼　《摭言》：韓愈見牛僧孺所作《說樂篇》，問曰：且以拍板為什麼？

到底　《舊唐書・李渤傳》：凡十家之內，大半逃亡，亦須五家攤稅，似投石井中，非到底不止。又張詠《寄郝太沖詩》：新編到底將何用。陸游詩：更事老翁頑到底。耶律楚材詩：功名到底成何事。

一半　唐太宗《望雪詩》：迎風一半斜。方干詩：生涯一半在漁舟。羅隱詩：一半秋光此夕分。

一霎　孟郊《春後雨詩》：昨夜一霎雨。又陳造《宿商卿家詩》：

蝶夢蘧蘧才一霎。

　　郎罷　罷，薄蟹切。顧況囝詩：郎罷別囝，吾悔生汝，云云。自注：囝音蹇，閩俗呼子為囝，父為郎罷。陸游詩：阿囝略知郎罷老。

　　一片　眾聲高也，出薛能詩。

　　一潑　李翊《俗呼小錄》：雨一番一起為一潑。

　　婭奼　鴉牙二音，司空圖文。女則牙牙學語。

　　溫暾　冷熱適中也。一日熱不透也。王建詩：新晴草色暖溫暾。今蘇州有此語。

　　庫露　玲瓏，空虛也。皮日休詩：襄陽作髹器，中有庫露真。今蘇州謂亮窗曰庫露格，但庫露讀作平聲。

　　直籠統　不委曲也，見《唐書》。

　　黑暗　《聞見後錄》：南人謂象齒為白暗，犀角為黑暗。少陵詩：黑暗通蠻貨，用方言也。

　　耳邊風　杜荀鶴詩：百歲有涯頭上雪，萬般無染耳邊風。今嘉定謂人聆言不省，曰耳邊風。

　　岸滅土鉎　宋王伯厚《困學紀聞》評詩云：杜詩多用方言，如岸滅土鉎。乃黔蜀人語。

　　彭亨　韓文公石鼎聯句：豕腹脹彭亨。今嘉定俗呼腹脹曰彭亨。

波　站　李翊《俗呼小錄》：跑謂之波，立謂之站。

添　李翊《俗呼小錄》：呼下酒具為添。

俺　《廣韻》：於驗切，音俺，我也。按北人稱我曰俺。

俵　《廣韻》：方廟切，標去聲。《六書故》：俵，分畀也。

唐人稱呼人喜用次第。高祖呼裴寂為裴二，明皇呼宋濟為宋五，德宗呼陸贄為陸九，見王定保《摭言》。韋夏卿有知人之鑒，因退朝，於街中逢再從弟執誼、從弟渠牟舟，三人皆第二十四，並為郎官。簇馬良久曰：今日逢三二十四郎，輒欲題目之。王藻、王素貞元中應舉齊名第十四，每偕往還通家，稱十四郎，見《大唐傳》載。而范攄《雲溪友議》稱李紳為李二十。《玉泉子》：崔鉉謂路岩為路十。劉賓客《嘉話錄》亦有韓十八愈、李二十六程、李二十六丈、丞相席十八舍人之稱。《唐書·鄭綮傳》：本善詩，其語誹諧，故使落詞，世共號鄭五歇後體，是稱鄭綮為鄭五也。而綮又自稱鄭五，亦見本傳。

第二章

五代

第一節　概論

羅仲素曰：「教化者，朝廷之先務。廉恥者，士人之美節。風俗者，天下之大事。朝廷有教化，則士人有廉恥。士人有廉恥，則天下有風俗。」至哉言也。歐陽公《五代史》於家人及諸臣死事一行王進等列傳，皆痛斥當時風俗上之絕滅倫理，喪失廉恥。而於馮道傳言之尤切，其言曰：「禮義廉恥，是謂四維。四維不張，國乃滅亡。善乎！《管子》之能言也。禮義治人之大法，廉恥立人之大節。蓋不廉則無所不取，不恥則無所不為。人而如此，則禍敗亂亡，無所不至。況為大臣，而無所不取無所不為，則天下其有不亂，國家其有不亡者乎！予讀馮道長樂老敘，見其自述以為榮，其可謂無廉恥者矣。則天下國家可得而知也。」按馮道事四姓十君，竊位於篡弒武人之朝，不自知愧，故歐陽公罵之如此。又於傳末引王凝妻李氏：以愧忍恥偷生之輩之學馮道者，其意深矣。明高忠憲有言曰：世間一點恥心，至馮道滅盡。嗚呼！古今之無恥者，無過於馮道。則馮道為古今無恥者之代表。而五代風俗之無恥，更何不可以馮道代表之也。馮道可謂衣冠禽獸矣，然後世之崇拜馮道，模仿馮道，利用馮道，而生非五代，不見正於歐公之筆者，可勝道哉！

第二節　氏族及名字

氏族之亂，莫甚於五代之時。當日承唐餘風，猶重門蔭。故史言梁唐之際，仕宦遭亂奔亡，而吏部銓文書不完，因緣以為奸利。至有私鬻告敕，亂易昭穆，而季父母舅反拜姪甥者。《五代史・豆盧革傳》。當時人取名多用彥字，趙雲松《廿二史札記》言之最詳。與六朝人取名

之多用僧字者相同，亦一時無謂之好尚矣。

第三節　言語

姑夫　《五代史》：石敬塘入篡時，皇后云姑夫。

風子　《通鑑·梁紀考異》、陶岳《五代史補》云：楊涉之子凝式，見事洩，即日佯狂，時謂之風子。

賴子　《五代史》：高從誨為高賴子。今俗謂攘奪無恥者為賴子。

親家翁　男女締姻者，兩家相謂為親家，五代則謂為親家翁。見《五代史·劉煦傳》及蘇氏《開談錄》。

眼孔小　屋子　《書言故事》云：桑維翰愛錢。上曰：措大眼孔小，與錢十萬貫，塞破屋子矣。

吃飯處　《五代史·安叔千傳》耶律德光勞叔千曰：汝在邢州，已通誠款，吾今至此，當與汝一吃飯處。

泥窗　蜀人謂糊窗為泥窗。花蕊夫人《宮詞》：紅錦泥窗繞四廊。

第四編

由浮靡而趨敦樸時代

第一章

宋

第一節　概論

顧亭林先生曰：宋史言士大夫忠義之氣至於五季變化殆盡。宋之初興，范質、王溥猶有餘憾。藝祖首褒韓通，次表衛融，以示意向。真、仁之世，田錫、王禹偁、范仲淹、歐陽修、唐介諸賢，以直言讜論倡於朝。於是中外薦紳咸以名節為高，廉恥相尚，盡去五季之陋。故靖康之變，志士投袂，起而勤王，如宗澤、韓琦、劉錡諸人。臨難不屈，所在有之。及宋之亡，忠節相望。嗚呼！觀哀平之可以變而為東京，五代之可以變而為宋，則天下無不可變之風俗也。

第二節　飲食

《楓窗小牘》云：舊京工役固多奇妙，即烹煮槃案亦復擅名。如王樓梅花包子、曹婆婆肉餅、薛家羊飯、梅家鵝鴨、曹家從食、徐家瓠羹、鄭家油餅、王家乳酪、段家燒物、石逢巴子南食之類，皆聲稱於時。若南遷湖上魚羹、宋五嫂羊肉、王家血肚羹、宋小巴之類，皆當行不數者。此可以覘當時飲食之好尚矣。其普通製作飲食之法，則虞悰《食珍錄》言之最詳。

第三節　衣服

《文獻通考》：宋真宗太中祥符間，禁民間服皂班纈衣。《宋史・輿服志》曰：初皇親與內臣所衣紫，皆再入為黝色。後士庶漸相效，言者以為奇衺之服，仁宗始禁之。紫衫本軍校之服，中興士大夫服之以便戎事，高宗紹興二十六年，禁毋得以戎服臨民，自是紫衫遂廢。

涼衫其制如紫衫，亦曰白衫。孝宗乾道初，王儼奏：竊見近日士大夫皆服涼衫，甚非美觀，而以交際臨民，居官純素，可憎有似凶服。陛下方奉兩宮，所宜革。且文武並用，本不偏廢，朝章之外，宜有便衣，仍存紫衫，未害大體。於是禁服白衫。先是宮中尚白角冠梳，人爭效之，謂之內樣，名曰垂肩等肩，至有長三尺者，梳長亦逾尺，言者以為服妖。仁宗乃下詔，令婦人所服冠高毋得逾四尺，廣毋得逾一尺，梳毋得逾四寸，毋以角為之。《朝野雜記》述宋代衣服之改變，則謂自渡江以後，人情日趨於簡易，不能復故云。

第四節　忠義

以宋代仁人義士之接踵，徒隨劫運以俱盡，卒無補於國之危亡，讀史者未免有餘憾。然試一思其身當國變，茹辛忍苦，百折不回，又不覺肝膽照人，生氣凜凜，如演一場英雄之活劇。不但崇拜之，歌舞之，且有勃然興起者，以其可為萬古國家社會風俗上之標準也。夫既可為萬古國家社會風俗之標準，則其可為當時風俗之代表自不待言。故吾言宋之風俗，不得不急舉仁人義士以為冠冕焉。

（一）岳飛。字鵬舉。號令風霆迅，天聲動北陬。長驅渡河洛，直搗向燕幽。馬蹀閼氏血，旗梟克汗頭。歸來報明主，恢復舊神州。此岳飛所作詩也。每一讀之，未嘗不栚觸盛衰興廢之往事，而動憑弔英雄之慨於無已也。其所作《滿江紅》詞云：怒髮衝冠，憑欄處，蕭蕭雨歇。抬望眼，仰天長嘯，壯懷激烈。三十功名塵與土，八千里路雲和月。莫等閒，白了少年頭，空悲切。靖康恥，猶未雪，臣子恨，何時滅。駕長車，踏破賀蘭山闕。壯志飢餐胡虜肉，笑談渴飲匈奴

血。待從頭收拾舊河山，朝天闕。蓋又未嘗不讀之而意氣飛動，怦怦不能自己，而喚起人生不可不自勵為英雄豪傑之心。蓋英雄者，以時勢而增重者也。故平易時代之人才，每不及艱難時代之人才。南宋則需才孔亟之時代也。而岳飛能以積弱之宋，抗方興之金，一二月間，屢戰屢捷，勢如破竹，固早已懸一指顧間渡河洛，搗幽燕，直抵黃龍，與諸君痛飲之快事之希望於胸中。其前途正未可量，乃金牌見召，不但十年之功廢於一旦，竟以三字獄死於秦檜之手，於中國歷史上結構一最悲壯之劇。蓋岳飛雖為未成事之英雄，而千載下猶有餘痛，正以其功敗於將成，而愛國排外之思想又不可多得也。然岳飛雖功敗於將成，而其精誠浩氣固長流行照耀於天地間也。

（二）文天祥。號文山。欽定《四庫全書提要》〈文山集〉二十一卷，宋文天祥撰。天祥事蹟具《宋史》本傳。天祥平生大節，照耀今古，而著作亦極雄贍。其廷試對策及上理宗諸書，持論剴切，尤不愧肝膽如鐵石之目。故長谷真逸《農田餘話》曰：宋南渡後，文體破碎，詩體卑弱，惟范石湖、陸放翁為平正。及文天祥留意杜詩，所作頓去當時之凡陋，觀《指南前後錄》可見。不獨忠義貫於一時，亦斯文間氣之發見也。又文信國集《杜詩》四卷，於國家淪喪之由，生平閱歷之境，及忠臣義士之周旋患難者，一一詳志其實，顛末粲然，不愧詩史之目云。今讀其詩，如「厥角稽首二百州，正氣掃地山河羞。」「幾多江左腰金客，便把君王作路人。」何等痛切！「不是謀歸全趙璧，東南那個是男兒。」「江山不改人心在，宇宙方來事未休。」「人生自古誰無死，留取丹心照汗青。」「國破家亡雙淚暗，天荒地老一身輕。」何等悲壯！又南康軍和東坡《酹江月》云：廬山依舊淒涼

處，無限江南人物空。翠晴嵐，浮汗漫，還障天東半壁。雁過孤峰，猿啼老嶂，風急波雪翻。乾坤未歇，地靈尚有人傑。堪嗟飄泊孤舟，河傾斗落，客夢催明發，南浦閒雲連草樹，回首旌旗明滅。三十年來，十年一過，空有星星發。夜深愁，聽胡笳，吹徹寒月。代王夫人作詞云：彩雲散，香塵滅。銅駝恨，那堪說。想男兒慷慨，嚼穿齦血。回首昭陽離落日，傷心銅雀迎新月。算妾身不願似天家，金甌缺。愛國之心，亡國之恨，讀之不覺聲淚俱下。至於正氣一歌，及絕命後，元人檢得衣帶中成仁取義之語，淺人皆能道之。嗚呼！天祥之心苦矣，志壯矣。後世論史家常以張世傑、陸秀夫、李庭芝、李芾、陳文龍、單公選、趙與擇、馬暨、姜才、趙淮、趙卯發、夏椅、王安節、阮正己、江萬里等與天祥同為宋數百年國家養士之報，及宋儒提倡學風之效果。諒哉言也。故聞天祥之風者，頑夫廉，懦夫有立志。

（三）鄭思肖。號所南。昔人有言，哀莫大於心死。心者精誠之所集，所以植天經，立人極，亙萬古而不磨者也。故自古國家，有人心然後有風俗。宋遺民鄭思肖固一心宋室者。其言曰：國之所與立者，非力也，人心也。故善觀人國家者，惟觀人心爾。又曰：今之人，萬其心，一於利，皆痛惡夫亂臣賊子，無人心者之言也。故讀其所為心史，益知其心之光明俊偉，為有宋一代元氣之所存。其詩曰：「一心中國夢，萬古下泉詩。」「春風仍日月，世界自山河。」「不知今日月，但夢宋山川。」「生得男兒骨，一死亦精神。」「丈夫立身乃大事，一失此足死亦恥。」「小臣有誓曾銘骨，不到神州不太平。」「我非辦得中興事，一點英靈死不消。」「寧可枝頭抱香死，不曾吹落北風中。」「心敕雷霆開世界，手提日月上山川。」「誓以匹夫紓

國難，艱於亂世取人才。屢曾算至難謀處，裂破肺肝天地哀。」真一字一淚，凡所為文皆然，每盡一篇，腔血輒騰躍一度。嗚呼！先生之詩文一日在天壤，則先生之精神與中國永無盡也。豈僅於宋代歷史上占最高之價值已哉。

此外愛國之詩人猶有陸務觀、姜白石、范石湖等。而王伯厚《困學紀聞》又云：更無柳絮隨風舞，惟有葵花向日傾。可以見司馬公之心。浮雲世事改，孤月此心明。可以見東坡公之心。

第五節　廉恥

延平先生李侗。論治道，必以明天理，正人心，崇節義，厲廉恥為先。故欲察人心之廉恥，覘之於官吏足矣。官吏者有維持風化，表率下民之責者也。理宗時真文忠公德秀。奏曰：乾道、淳熙間，有位於朝者，以餽遺及門為恥。受任於外者，以苞苴入都為羞。然淳熙十五年朱文公封事，言浙中風俗之弊，甚者以金珠為脯醢，以契券為詩文。則此風猶未革也。蓋官吏之貪污，非一日所能去矣。

第六節　學風

陳止齋曰：宋興士大夫之學無慮三變。起建隆太祖。至天聖、明道仁宗。間。一洗五季之陋，而守故蹈常之習未化。范文正公始與其徒抗之以名節，天下靡然從之，人人恥無以自見也。歐陽子出，而議論文章粹然爾雅，軼乎晉魏之上。久而周子出，又落其華，一本於六藝，學者經術，庶幾於三代，何其盛哉！則本朝人物之所由眾多也。

見其所作《溫州學田記》。其說於宋代學術之演進，言之甚確。按宋自神宗立太學三舍法，厥後鄧肅即以太學生上十詩，論花石之擾。見王明清《揮塵錄》。陳東即以太學生上書，論大臣誤國，並痛陳時事。論史者以為興學育才之效，但學風之提倡於上者，民之受之，猶在被動地位，不如濂洛關閩諸儒之自行集徒講學，轉足以正人心而維風化也。故宋末忠義之氣，實胚胎於講學諸儒。而太學諸生，除鄧肅、陳東外，其餘猶多訾議焉。《東軒筆錄》曰：王荊公在中書作新經義以授學者，故太學諸生幾及三千人。又令判監直講程第諸生之業，處以上中下三舍。而人閒傳以為試中上舍者，朝廷將以不次升擢。於是輕薄書生，矯飾言行，坐作虛譽，奔走公卿之門者若市矣。鄧志宏《沙縣重修縣學記》曰：崇寧徽宗。以來，蔡京群天下學者，納之饗舍。校其文藝等為三品，飲食之給，因而有差，旌別人才，止付於魚肉銖兩間，學者不以為羞，且逐逐然貪之。周密《癸辛雜識後集》曰：三學之橫，盛於景定、淳祐之際。凡其所欲出者，雖宰相台諫，亦直攻之使必去，權乃與人主抗衡。一時權相如史嵩之、丁大全不惜行之，亦未如之何也。賈似道作相，度其不可以力勝，遂以術籠絡。每重其恩數，豐其饋給，增撥學田，種種加厚。於是諸生啖其利而畏其威，雖目擊似道之罪，而噤不敢發一語。及賈要君去國，則上書讚美，極意挽留。今日曰師相，明日曰元老。今日曰周公，明日曰魏公。無一人敢少指其非。《齊東野語》曰：賈似道欲優學舍以邀譽，乃以校尉告身錢帛等俾京庠。擬試時，黃文昌方自江閫入為京尹，益增賞格，雖未綴猶獲數百千，於是群四方之士紛然就試。時襄郢已失，江淮日以遽告，有無名子作詩揭之試所云：鼙鼓驚天動地來，九州赤子哭哀哀。廟堂不問平戎策，多把金錢媚秀才。觀以上諸說，以可以去權奸

之太學生，轉而為媚權奸之太學生，蓋志趨不端，故籠絡之術得以中之也。被動之效果，如是如是。

第七節　婚娶

　　議婚太早，或於襁褓童幼之時，輕許為婚，因亦有指腹為婚者。及其既長，或不肖無賴，或身有惡疾，或家貧凍餒，或喪服相仍，或仕宦遠方。遂至棄信負約，速獄致訟者多矣。見司馬溫公《家范》。連姻多主因親及親之說，以示不相忘。《袁氏世范》。故蘇洵以女嫁其內兄程濬之子之才，而其女作詩：有「鄉人嫁娶重母黨」之句。呂榮公夫人張氏，乃待制張昷女。待制夫人即榮公母申國夫人之姊，則姨表兄弟姊妹也。然姑舅兄弟當時猶有疑其不可為親者，《容齋續筆》曾論及之。婚姻論財，故媒妁言最難信。紿女家，則曰男家不求備禮，且助出嫁遣之資。紿男家，則厚許其所遷之賄，且虛指數目。往往有輕信其言而成婚，其後責恨見欺，夫妻反目，至於仳離者。《袁氏世范》。娶婦謂之索婦，陸游《老學庵筆記》。娶婦之夕用樂，《清波雜志》宣仁云：尋常人家娶個新婦，尚點幾個樂人。有上高座之禮。《袁氏世范》：今之士族，當婚之夕，以兩椅相背，置一馬鞍，反令婿坐其上，飲以三爵，女家三請而後下，謂之上高座。不及設者，則為缺禮，雖一時衣冠右族，莫不皆然。余詳文公婚禮。

第八節　喪葬

　　宋時喪禮盡廢，士大夫居喪，食肉飲酒，無異平日。又相從宴集，靦然無愧，人亦毫不為怪。乃至鄙野之人，初喪未斂，親賓則齎

酒饌往勞之，主人亦自備酒饌，相與飲啜，醉飽連日。及葬亦如之。甚者初喪作樂以娛屍，及殯葬則以樂道輀車，而號泣隨之。亦有乘喪即嫁娶者。論出司馬溫公。當時信浮屠誑誘，凡有喪事，無不供佛飯僧，云為死者減罪資福，使生天堂，受諸快樂。不為者必入地獄，剉燒舂磨，受諸苦楚。此種謬說，朱文公曾力辟之。喪祭用紙錢以禮鬼神。紙錢起於漢之葬埋瘞錢，而南齊東昏侯始實行之。見洪慶善《杜詩辨證》。唐元宗時，王璵為祠祭使祈禱，或焚紙錢。《唐書·王璵傳》。五代以來，寒食野祭率用之，至宋而紙錢盛行於俗間，邵康節比之於明器。邵伯溫《聞見前錄》。錢若水不燒楮鏹，呂南公字次儒，南城人，《宋史》入〈文苑傳〉。至為文頌之。葉大慶《愛日叢抄》。而杜正獻亦不焚紙錢，見《卻掃編》。然亦寥寥矣。火葬之俗當時最盛。《宋史》紹興二十七年，監登聞鼓院范同言：今民俗有所謂火化者，生則奉養之具惟恐不至，死則燔爇而捐棄之。國朝著令，貧無葬地者許以官地安葬。河東地狹人眾，雖至親之喪，悉用焚棄。景定理宗。二年，黃震為吳縣尉，乞免再起化人亭狀曰：照對本司久例，有行香寺曰通濟，在城外西南一里。本亭久為焚人空亭，約十間以罔利。合城愚民悉為所誘，親死即舉而付之烈焰，餘骸不化，則又舉而投之深淵。哀哉斯人，何苦而遭此身後之大戮耶！震久切痛心，以人微位下，欲言未發。乃五月六日夜，風雷驟至，獨盡撤其所謂焚人之亭而去之。意者穢氣彰聞，冤魂共訴，皇天震怒。為絕此根，越明日，據寺僧發覺陳狀，為之備申使府，蓋亦幸此亭之壞耳。案吏何人敢受寺僧之囑，行下本司，勒令監造。震竊謂此亭為焚人之親設也。人之焚其親，不孝之大者也。此亭其可再也哉！案《列子》言：秦之西有義渠之國者，其親戚死，聚柴積而焚之，熏則煙上，謂之登遐，然後成為孝

子。《荀子》言：氐羌之民，其虜也不憂其繫累，而憂其死不焚也。蓋西羌之俗始有火葬，而中土焚屍之事始見於春秋。衛侯之焚褚師定子，然風俗上殊不謂然。田單以掘齊墓燒死人，激怒齊人，而因以破燕。尉佗在粵聞漢掘燒其先人冢，而有反意，皆以焚屍骸之駭人聽聞也。有之則以施之於仇人惡人，如漢尹齊為淮陽都尉，所誅甚多，及死，仇家欲燒其屍。東海王越亂晉，石勒剖其棺，焚其屍。楊元感反，隋乃掘其父素冢，焚其骸骨是已。今泰西及日本火葬盛行，而中國杭城火葬之俗猶昔。或者即孔子死欲速朽之義耶！佛重靈魂，輕體魄之說乎！則吾不得而知矣。厚葬之俗，較唐以前尤盛，士大夫罕有斥其非者。如趙概《聞見錄》謂晏殊薄葬，而遭剖棺碎骨之慘禍。張者以厚葬而免。固猶注重厚葬也。

第九節　巫覡

　　《宋史·李惟清傳》：惟清解褐涪陵尉，蜀民尚淫祀，病不療治，聽於巫覡。惟清擒大巫笞之，民以為及禍。他日又加箠焉，民知不神，然後教以醫藥，稍變風俗焉。《侯可傳》：可知巴州化城縣，巴俗尚鬼而廢醫，惟巫言是用。可禁之，幾變其俗。《蔣靜傳》：為安仁令，俗好巫。疫癘流行，病者寧死不服藥，靜悉論巫罪，聚其所祀淫像三百軀，毀而投諸江。《陳希亮傳》：希亮知鄠縣，巫覡歲斂民財祭鬼，謂之春齋，否則有火災。民訛言有緋衣老人行火。希亮禁之，民不敢犯，火亦不作。毀淫祠數百區，勒巫為農者七十餘家。《夏竦傳》：竦徙壽安洪三州，洪俗尚鬼，多巫覡惑民。竦索部中得千餘家，敕還農，毀其淫祠以聞，詔江浙以南悉禁絕之。案巫覡緣鬼

神以求食者也。鬼神之迷信既深入人心。至於病不服藥，惟事祈禳，故巫覡得以施其誑誘之術。徒禁巫覡，本不足以拔除迷信。然巫覡惑人之力不小，禁之亦大有益於風俗。至於醫藥之不講求，又為社會尊用巫覡之一原因。蓋其心理上以為醫藥與巫覡均索之冥冥，求人醫不如求神醫，而醫遂見賤矣。

第十節　言語

兩樣　范成大《晚步西園詩》：一種東風兩樣心。

破費　蘇軾詩：破費八姨三十萬，大唐天子要纏頭。

討飯　黃庭堅《跋昭清公詩》：老禪延恩長老法安師，懷道遁世，雖與慧林本法雲秀同師，頗以討飯養千百閒漢為笑也。陳造詩：投荒忍死經人鮓，討飯充腸上岳陽。

午飯　蘇轍《漱玉亭詩》：入瓶洞鼎春茶白，接竹齋廚午飯齊。

煮飯　東坡詩：破鐺煮飯茆三間。

留飯　《老學庵筆記》：予見陳魯公留飯未食。梅堯臣詩：日中將過晡，留飯具粗糲。

半生半熟　《撫掌錄》：北都有妓女美色，而舉止生硬，人謂之生張八。因寇忠愍乞詩於魏野，野贈之詩云：君為北道生張八，我是西州熟魏三。莫怪尊前無笑語，半生半熟未相諳。

打魚打水打飯打船打車　《歸田錄》：世俗言語之訛，舉世君子

小人皆同其謬者，惟打字爾。造舟車者曰打船、打車，網魚者曰打魚，汲水者曰打水，役夫餉飯曰打飯。

安頓　《乾淳起居注》：天中聖節，駕詣德壽宮進香，並進奉銀絹，令幕士安頓寢殿前。楊萬里詩：客心未便無安頓。

路費　《客語》：范純夫謁告省蜀公於許，上以手詔撫問蜀公。又使中使賜純夫銀百兩為路費。王禹偁詩：路費無百錢。

草鞋費　范成大《催租行》：床頭慳囊大如拳，撲破正有三百錢。不堪與君成一醉，聊復償君草鞋費。

過了　蘇軾《書參寥詩》：寒食清明都過了。

錯到底　《老學庵筆記》：宣和末，婦人鞋底尖，以二色合成，名錯到底。

可惡　陸游詩：雨來紅鶴更可惡，爭巢一似嬰兒號。

洗面　《宋史・蒲宗孟傳》：宗孟嘗日有小洗面、大洗面、小濯足、大濯足、小大澡浴之別。

渴睡　《歸田錄》：胡旦謂呂穆公為渴睡漢。

笑面　《老學庵筆記》：人謂蔡元度為笑面夜叉。

這個　王安石詩：只緣疑這個。葛長庚《徐公戀求進納疏》：前個後個，只有這個。千時百時，恰恨今時。

耽擱了　楊萬里詩：秋月春風耽擱了，白頭始嫁不羞人。

安妥　《宋史‧岳飛傳》：湖廣江浙亦獲安妥。

家裡　黃庭堅詩：但知家裡俱無恙，不用書來細作行。

變相　《圖畫見聞志》：道經變相。

春忙　黃庭堅《過昆陽詩》：田園恰恰值春忙。

也得　《續湘山野錄》：祖宗居潛日，與趙韓王游長安市，陳摶遇之，下驢大笑，挽太祖太宗曰：可從市飲乎？太宗曰：與趙學究三人並游，可當同之。陳良久曰：也得也得，非渠不得預此席。

儱侗　《集韻》：音籠統，未成器也。

齫齩　《楊公筆錄》：俗謂大齒為齫，大齩為齩。

歡　彈子　帆　去聲，《齊東野語》：余生長澤國，每聞舟子呼造帆曰歡，以牽船之索曰彈（平聲）子，意謂吾諺耳。及觀唐樂府有詩云：蒲帆猶未織，爭得一般成，而鐘會呼捉船索為百丈。趙氏注云：百丈者，牽船篾，內地謂之宣。音彈。韓昌黎詩云；無因帆江水。而《韻書》：去聲內亦有扶帆切，是知方言俗語皆有所本。陸放翁入蜀，聞舟人祠神，方悟杜詩長年三老攤錢之語，亦此類也。

渣　《集韻》：步臥切。婆，去聲。燕代謂喜言人惡為渣。

色叫　《塵史》王德用召入兩府，有千薦館職者，王曰：某武人素不閱書，若奉薦則色叫矣。色叫者，謂事理不相當也。

鼾睡　打呼也。宋太祖曰：臥榻之側，豈容他人鼾睡。

則劇　遊樂也。《朱子語類》謂閩廣有此語。

黑甜　軟飽　《墨客揮犀》：詩人多用方言，里人謂睡美為黑甜，飲酒為軟飽，故東坡詩曰：三杯軟飽後，一枕黑甜餘。

呆　不慧也。范成大詩：千貫賣汝痴，萬貫賣汝呆。又曾作《賣痴呆詞》。《白獺髓記》石湖戲答同參詩云：我是蘇州監本呆。

鶻突　謂人憒憒不曉事也，見《朱子語錄》。《宋史·呂端傳》作糊塗。《明道雜錄》：錢穆內相，決大滯獄，蘇長公譽以霹靂手。錢曰：僅免葫蘆蹄。《灼艾集》云：葫蘆音鶻突。

有甚意　沒些巴鼻　《調謔篇》：熙寧初有人自上調，上書迎合宰相意，遂擢御史。蘇長公戲之曰：有甚意頭求富貴，沒些巴鼻作奸邪。有甚意、沒些巴鼻，皆俗語也。

銅臭　《釋常談》：將錢買官謂之銅臭。後漢崔烈有重名，靈帝時，入錢五百萬，拜司徒，烈名譽遂減。乃問其子鈞曰：「外人議我以為何如？」對曰：「人盡嫌大人銅臭。」烈怒，舉杖擊之。

裡頭空　宋謠也。臻蓬蓬，外頭花豔裡頭空。嘉定亦有外頭閃電裡頭空之謠。吾萍罵人擺空心黌，擺空心架子，亦此意也。

骨董　《霏雪錄》：骨董乃方言，初無定字，東坡嘗作骨董羹，用此二字，晦庵先生《語類》亦作汩董。

偉　《弇州山人藁》；宋時上梁文，有兒郎偉，偉者，關中方言們也，其語極俗。

渠　宋陳無己曰：汝豈不知我不著渠家衣耶。

通事　唐帕　周密《癸辛雜識》：譯者有寄象狄鞮譯之名，見《禮記》。今北方謂之通事，南蕃海舶謂之唐帕，南方蠻猺謂之蒲，又皆譯之名也。

程　《夢溪筆談》莊子云：程生馬，嘗觀文字。注：秦人謂豹曰程予至，延州人至今謂虎豹為程，蓋言程也。方言如此，抑亦舊俗也。

硬雨　雹也。宋呂居仁曰：紹興初，臨安大雨雹，太學屋瓦皆碎，學官申朝廷修，不可言雹，稱硬雨。

泰山　《釋常談》：丈人謂之泰山。元宗開元十三年封禪於泰山，張說為封禪使，說女婿鄭鎰，本是九品官，舊例封禪後，自三公以下皆轉遷一階一級，惟鄭鎰是封禪使女婿，驟遷至五品，兼賜緋服。因大酺次，元宗見鎰官位騰跳，怪而問之。鎰無詞以對，優人黃幡綽奏曰：此乃泰山之力也。因此以丈人為泰山。

媸　《集韻》：彌計切，音謎。吳俗呼母曰媸。

妮　《六書》：故今人呼婢曰妮。

姁　《集韻》：區遇切，音摳。河南謂婦曰姁。

爸　《集韻》；必駕切，音霸。吳人呼父曰爸。按吾江西萬載人呼父曰爸爸。

母母　呂祖謙《紫薇雜記》：呂氏母母受嬬房婢拜，嬬見母母房婢拜，即答。按此弟妻呼兄嫂為母母也，今俗猶然，但母作姆。

大姐姐　宋人呼嫡母為大姐姐，妻之於嫡母亦然。宋高宗母韋后，稱徽宗后為大姐姐，見《宋史后妃傳》。

沙家　前清《康熙字典》人部佘字下，古有余無佘，余之轉韻為禪遮切，音蛇，姓也。五代宋初，人自稱曰沙家，即余家之近聲可證。而賒字從余，亦可知也。

波　范成大《吳船錄》：蜀中稱尊者為波祖，及外祖皆曰波。

鐐子　《正字通》：宋仁宗游後苑，還宮索漿急，宮嬪曰：大家何不於外宣索而受渴？曰：吾屢顧不見鐐子。恐問之，則所司有得罪者。楊慎曰：鐐子，廚人之別稱。

小底　賤者之稱。一說，供役使者。《宋史》：有內班小底，又承應小底，見《遼史》。《晉公談錄》：劉承規在太祖廟為黃門小底。

同庚　《墨客揮犀》：文彥博居洛日，年七十八，與和昀、司馬旦、席汝言為同庚會，各賦詩一首。《癸辛雜識》：張神鑑瞽而慧，每談一命，則旁引同庚者數十，皆歷歷可聽。

孃孃　母后也。蘇軾《龍川雜志》：仁宗謂劉氏為大孃孃，楊氏為小孃孃。

銃䨻　《字彙補》引郎仁寶說，謂此二字是蜀語。見《黃山谷集》。

朵朵　晏殊詞：佳人釵上玉尊前，朵朵穠香堪惜。

篩米　見《指月錄》。

散場　見《指月錄》。

腳甲　《雲笈七籤》：甲午日可割腳甲。

丁丁董董　《西湖志餘》：董宋臣丁大全用事，一日內宴，雜劇一人專打鑼，一人朴之曰：今日排當，不奏他樂，丁丁董董不已，何也？曰：方今事皆丁董，吾安得不丁董？按丁董與丁東叮噹，皆以狀金玉器等相撞相擊之聲，然宋人此語，含有顛倒意。故吾萍語謂人不嘹喨，及做事無秩序，曰丁董，但丁轉為去聲。

老嫩　《圖畫見聞志》：畫花竹有四時景候，陰陽向背，筍篠老嫩，苞萼先後，自然豔麗閑野。袁桷趙昌《荷花詩》：邇來馮於號能事，老嫩風情毫髮證。

的當　秦觀詩：不因霜葉辭林去，的當山翁未覺秋。

賤貨　陳東誚賣玉器詩：楚玉非賤貨。按吾萍及湖南土俗，罵女為賤貨。

錯安頭　照天燭　《宋史·李先傳》：知信州南安軍，撫楚州，所至治官如家，人目以俚語，在信為錯安頭，謂其無貌而有材也。在

楚為照天燭，稱其明也。

水晶燈籠　《宋史‧劉隨傳》：隨臨事明銳，敢行，在蜀人號為水晶燈籠。

「薄餅從上揭。」《歐陽公事文類集‧劉龍圖事》引諺。「忍事敵災星。」呂居仁《官箴》引諺。「等人易得久，瞋人易得醜。」徐度《卻掃篇》引《石林公述》吳中俚語。「雞寒上樹，鴨寒下水。」陸游《老學庵筆記》引淮南諺。「山水險阻，黃金子午。」王伯厚《地理通釋》引諺。「兜不上下頦。」《齊東野語》引諺。謂人喜過甚，即解頤之意。「書三寫魚成魯，帝成虎。」《芥隱筆記》引諺。「常調官好做，家常飯好吃。」《獨醒雜志》引諺。「學書者紙費，學醫者人費。」蘇軾《墨寶堂記》引蜀諺。「掘得窖子。」謂江南人作盤遊飯下埋鮓脯膾炙。《仇池筆記》引里諺。

第二章

遼金元

第一節　概論

《遼史》言契丹部族生生之資，仰給畜牧，績毛飲湩，以為衣食。各安舊風，狃習勞事，不見紛華異物而遷。故家給人足，戎備整完。《金史》世宗嘗謂宰臣曰：朕嘗見女真風俗，迄今不忘。今之燕飲音樂皆習漢風，非朕心所好。東宮不知女真風俗，第以朕故猶尚存之，恐異日一變此風，非長久之計。他日與臣下論及古今，又曰：女真舊風雖不知書，然其祭天地，敬親戚，尊耆老，接賓客，信朋友，禮意款曲，皆出自然。其善與古書所載無異，爾輩不可忘也。又曰：女真舊風，凡酒食會聚，以騎射為樂。今則弈棋雙陸，宜悉禁止，令習騎射。《金史‧食貨志》言金起東海，其俗純實，可以返古，初入中夏，猶未大變。及其中葉，鄙遼儉樸，襲宋繁縟之文，是以國不永久。《元史‧世祖本紀略》謂元起朔漠，專以畜牧為業，觀此可以知遼金元風俗之大概矣。

第二節　崇重忠義

元柯魯圖進《宋史表》曰：厥後瀛國歸朝，吉王航海，齊亡而訪王蠋，乃存秉節之臣，楚滅而論魯公，堪矜守禮之國。《金史‧忠義傳序》曰：聖元詔修遼金宋史，史臣議凡例，前代之臣忠於所事者，請書之無諱。朝廷從之。此皆宋世以來尊經儒重節義之效。其時之人心風俗，猶有三代直道之遺，不獨元主之賢明也。

第三節　好尚儒雅

元季士大夫好以文墨相尚，每歲必聯詩社，四方名士畢集，宴賞窮日夜，其詩勝者輒有厚贈。貫酸齋工詩文，所至士大夫從之若云，得其片言尺牘，如獲拱璧。《元史·小雲石海涯傳》。浦江吳氏，結月泉社，聘謝皋羽為考官。春日田園雜興題，取羅公福為首。《懷麓堂詩話》。松江呂璜溪嘗走金帛，聘四方能詩之士，請楊鐵崖為主考，第其甲乙，厚有贈遺。一時文人畢至，傾動三吳。《四友齋叢說》。又顧仲英玉山草堂，楊廉夫、柯九思、倪元鎮諸人嘗寓其家，流連觴詠，聲光映蔽江表。其他以名園別墅書畫古玩相尚者，更不一而足。如倪元鎮之清閟閣、楊竹西之不礙雲山樓，花木竹石，圖書彝鼎，擅名江南，後世猶豔稱之。獨怪有元之世，文學甚輕，當時有九儒十丐之謠。宜乎風雅之事，棄如弁髦，乃縉紳之徒風流相尚如此。蓋自南宋以來，遺民故老，相與唱嘆於荒江寂寞之濱，流風餘韻，久而弗替，遂成風會，固不繫乎朝廷之所好也。

第四節　人民之性質

金元取中原後，俱有漢人南人之目。金則以先取遼地人為漢人，繼取宋河南山東人為南人。元則以先取金地人為漢人，繼取南宋人為南人。然當時民族最富於服從性。《金史》所謂燕人最卑賤，金人來則從金，宋人來則從宋，遼人來則從遼。崔立以汴城降蒙古，其黨竟為立碑紀功。見《金史·王若虛傳》。趙雲崧《廿二史札記》所謂元時漢人，皆以蒙古名為榮者是也。嗚呼！他不足論，燕人固古稱多慷慨悲歌之士者，瞻懷漸離，憑弔荊卿，築聲慘烈，劍氣悲鳴。山河不殊，

人物非故，曾幾何時，遂至於此。今之燕人，非所謂首善之區之民族耶。然自庚子一役聯軍入京以還，懸順民之旗，獻德政之傘，屈意媚外，醜態百出。昔法相哥爾別爾之對魯易十四曰：「國之大小，不以疆域而論，視其國民之品格何如。品格者，金城鐵壁，不可破也。」今吾燕人之品格如此，能免為外人所輕視乎！

第五節　方言

《遼史‧國語解》節略

鄉之小者曰彌里，郎君曰沙里，請曰射，有力曰虎斯，一人肩任曰擔，兩人共舁曰床，討平曰奪里本，興旺曰耶魯碗，慈息曰窩篤碗，輔佑曰何魯碗，實大曰阿斯，孝曰得失得本，遺留曰監母，馬不施鞍轡曰輓，后土曰耨斡，母曰麼，酒尊曰撒剌，金曰女古，玉曰孤穩，以白鷺羽為網曰白毠廬，亦曰白毠大，首曰捏褐耐，正月朔旦曰乃捏咿呪，二月一日曰怕里咺，怕讀作狃，咺讀頗。上巳日射兔之節，名曰陶里樺，重午日曰討賽咿呪，日辰之好曰賽咿呪奢，重九日曰必里遲離，管率眾人之官曰撻馬狘沙里，統軍馬大官曰夷離董，會同初改為大王。典族屬官曰惕隱，參知政事曰夷離畢王，獄官曰選底官、曰克，掌文翰官曰林牙，諸官府監治長官曰詳穩，統軍官曰三克，猶云三帥也。諸部下官曰梯里已，後升司徒。縣官曰達剌於，後升副使。縣官之佐曰麻都不，後升為令。官府之佐史曰敞史，扈從之官曰撻馬掌，馬官曰飛龍，使諸帳下官曰敞穩掌，禮官曰敵烈麻都，掌誥命奏事官曰知聖旨頭子事，諸宮典兵官曰提轄司，工部曰廳房，虞人曰女瓃。阿主，父祖稱也。阿點，貴稱也。阿盧朵里，貴顯名也。夷離

的，大臣夫人之稱也。暴里，惡人名也。著帳，籍沒之戶也。

《金史・國語解》節略

官稱

都勃極烈，總治官名，猶漢云冢宰。諳版勃極烈，官之尊漢貴者。國論勃極烈，尊禮優崇得自由者。胡魯勃極烈，統領官之稱。猛安，千夫長。謀克，百夫長。烏魯古，牧圉之官。斡里朵，官府治事之所。

人事

孛論，出胚胎之名。阿胡迭，長子。骨赧，季也。蒲陽溫，曰幼子。益都，次第之通稱。第九，曰烏也。十六日，女魯歡。散亦孛，奇男子。撒答，老人。什古乃，瘠人。

保活里，侏儒。阿里孫，貌不揚也。答不也，耘田者。阿土古善，采捕者。阿合，人奴也。兀朮，頭。粘罕，心。盤里合，將指。謾都訶，痴騃。謀良虎，無賴之名。賽里，安樂。迪古乃，來也。凡事之知者，曰後倫。習矢，猶人云常川也。

物象

兀典，明星。阿鄰，山。釜曰闍母。刃曰斜烈。金曰按春。布囊曰蒲盧渾。盆曰阿里虎。罐曰活女。烏烈，草廩也。沙剌，衣襟也。活臘胡，色之赤者也。

物類

恆端，松。孰輦，蓮。活離罕，羔。訛古乃，犬之有文者。斜哥，貂鼠。蒲阿，山雞。窩謀罕，鳥卵也。

姓氏

完顏，漢姓曰王。紇石烈曰高。徒單曰杜。兀顏曰朱。蒲察曰李。顏盞曰張。

溫迪罕曰溫。石抹曰蕭。奧屯曰曹。移剌曰劉。斡勒曰石。斡准曰趙。阿里侃曰何。抹顏曰孟。術虎曰董。

《元史‧八師巴傳》

八師巴時，有國師膽巴者，其後又有必蘭納識里及必蘭納識里之誅。有司籍之，得其人畜土田金銀貨貝錢幣，以及婦人七寶裝具，價值巨萬萬。若歲時祝釐禱祠之常號，目尤不一，有曰鎮雷阿藍納四，華言慶贊也。有曰亦思滿藍，華言藥師壇也。有曰搠思串卜，華言護城也。有曰朵兒禪，華言大施食也。有曰朵兒只列朵四，華言美妙金剛回遮施食也。有曰察兒哥朵四，華言回遮也。有曰籠歌兒，華言金輪也。有曰嗒朵四，華言作施食也。有曰出朵兒，華言出水濟六道也。有曰黨剌朵四，華言回遮施食也。有曰典朵兒，華言常川施食也。有曰坐靜，有曰魯朝，華言獅子吼道場也。有曰黑牙蠻答哥，華言黑獄帝主也。有曰搠思江朵兒麻，華言護江神施食也。有曰赤思古林搠，華言自受主戒也。有曰鎮雷坐靜，有曰吃拉坐靜，華言祕密坐靜也。有曰尌惹，華言文殊菩薩也。有曰古林朵四，華言至尊大黑神

回遮施食也。有曰歇白咱拉，華言大喜樂也。有曰必思禪，華言無量壽也。有曰睹思哥兒，華言白傘蓋呪也。有曰收札沙拉，華言五護陀羅尼經也。有曰阿昔答撒答昔里，華言八十頌般若經也。有曰撒思納屯，華言大理天神呪也。有曰闊兒魯弗卜屯，華言大輸金剛呪也。有曰且八迷屯，華言無量壽經也。有曰亦思羅八，華言最勝王經也。有曰撒思納屯，華言護神呪也。有曰南占屯，華言懷相金剛也。有曰卜魯八，華言呪法也。

忒殺　謂太甚也。《元人傳奇》：忒風流，忒殺思。按白樂天：半開花時西日憑，輕照東風莫殺吹。自注：殺沙去聲，音廈，亦作煞。明楊升庵謂京師語大曰殺大，高曰殺高，即今吾鄉曰殺能大，殺能高也。今嘉定俗謂太甚曰忒殺。殺音沙去聲，吾江西及湖南謂太甚曰忒如，太遠曰忒遠，太緊曰忒緊，太遲曰忒遲，太長曰忒長之類，是也。

籠袖驕民　《玉堂漫筆》：嘗見閭閻尚有憲副云籠袖驕民，為我文皇帝白溝之役時事。歐陽圭《齊南詞》中已有此語，想是元時方言，不知是何等也。

跳槽　《元人傳奇》謂魏明帝為跳槽。按明帝納虞氏為妃，及毛氏有寵而黜虞氏，其後寵郭夫人，而毛氏亦愛弛，故云跳槽也。今娼家以嫖客他往為跳槽，實本於此。

第二章

明

第一節　概論

顧亭林《郡國利病》引《歙縣志·風土論》曰：國家厚澤深仁，重熙累洽，蓋纍隆矣。於時家給人足，居則有室，佃則有田，薪則有山，藝則有圃。催科不擾，盜賊不生。婚媾依時，閭閻安堵。婦人紡績，男子桑蓬，臧獲服勞，比鄰惇睦。誠哉一時之三代也。豈特宋太平、唐貞觀、漢文景哉！詐偽未萌，訐爭未起，紛華未染，靡汰未臻，則正冬至以後春分以前之時也。馴至正德。武宗。嘉靖世宗。初，則稍異矣。土田不重，操貲交接，起落不常。能者方成，拙者乃毀，東家已富，西家已貧，高下失均，錙銖共競，互相凌奪，各自張皇。於是詐偽萌，訐爭起，紛華染，靡汰臻。此正春分以後夏至以前之時也。迨至嘉靖末隆慶穆宗。間，則尤異矣。末富居多，本富益少，富者愈富，貧者愈貧，起者獨雄，落者辟易。資爰有屬，產自無恆。貿易紛紜，誅求刻覈，奸豪變亂，巨猾侵侔。於是詐偽有鬼蜮，訐爭有干戈，紛華有波流，靡汰有邱壑。此正夏至以後秋分以前之時也。迄今三十餘年，則夐異矣。富者百人而一，貧者十人而九。江河日下，不堪設想。此正秋分以後冬至以前之時也。按此亦足見明代風俗之一斑矣。

第二節　仕宦驕橫

鄢懋卿恃嚴嵩之勢，總理兩淮河東鹽政，其按部常與妻偕行，製五彩輿，令十二女子昇之。見《嚴嵩傳》。張居正奉旨歸葬，藩臬以上皆跪迎，巡方御史為之前驅。真定守錢普，創為坐輿，前軒後室，旁有兩廡，各立童子給使令，凡用昇夫三十二人。所過牙盤上食，味逾

百品，猶以為無下箸處。普無錫人，能為吳饌，居正甘之。曰：吾至此始得一飽。於是吳人之能庖者召募殆盡。居正傳。夫以居正之賢，尚且如此。則汪直、嚴嵩、魏閹之驕橫，更無足異矣。嗚呼！明代官方之壞一至此哉！

第三節　才士傲誕

《明史‧文苑傳》：吳中自祝允明、唐寅輩才情輕豔，傾動流輩，放誕不羈，每出名教外。今按諸書所載寅慕華鴻山學士家婢，詭身為僕，得娶之後事露，學士反具資奩，締為姻好。《朝野異聞錄》。文徵明書畫冠一時，周徽諸王爭以重寶為贈。《玉堂叢話》。寧王宸濠慕寅及徵明，厚幣延致，徵明不赴，寅佯狂脫歸。《明史‧文苑傳》。又桑悅為訓導，學使者召之，吏屢促，悅怒曰：天下乃有無耳者！期以三日始見，僅長揖而已。王廷陳知裕州，有分巡過其地，稍凌挫之。廷陳怒，即遣散士卒，不得只應，分巡者窘而去。於是監司相戒勿入裕州。康德涵六十生日，召名妓百人為百年會，各書小令付之，使送諸王府，皆厚獲。謝榛為趙穆王所禮，王命賈姬獨奏琵琶，歌其所作竹枝詞。歌罷，即飾姬送於榛。大河南北無不稱謝榛先生者。俱見《褚史彙編》。此等恃才傲物，跅跎不羈，宜足以取禍。乃聲光所及，到處逢迎，不特達官貴人傾接恐後，即諸王亦以得交為幸，若惟恐失之。可見明中葉世運升平，物力豐裕，故文人學士得以跌蕩於詞場酒海間，亦一時盛事也。

第四節　勢豪虐民

前明一代風氣，不特地方有司私派橫徵，民不堪命。而搢紳居鄉者亦多倚勢恃強，視細民為魚肉，上下相護，民無所控訴也。《楊士奇傳》：士奇子稷居鄉，嘗侵暴殺人，言官交劾，朝廷不加法，以其章示士奇。又有人發稷橫虐數十事，乃下之理。士奇以老病在告，天子不忍傷其意，降詔慰勉，士奇感泣遂不起。是時士奇方為首相，而其子至為言官所劾，平民所控，則其肆虐已極可知也。《梁儲傳》：儲子次攄為錦衣百戶，居家與富人楊端爭民田。端殺田主，次攄遂滅端家一百餘人。武宗以儲故，僅發邊衛立功。《朝野異聞錄》又載次攄最好束人臂股或陰莖使急迫，而以針刺之，血縷高數尺，則大叫稱快。此尤可見其恣虐之大概矣。《蕉芳傳》：芳治第宏麗，治作勞數郡，是數郡之民皆為所役。《姬文允傳》：文允宰滕縣，白蓮賊反，民皆從亂。文允問故，咸曰禍由董二。董二者，故延綏巡撫董國光子，居鄉暴橫，民不聊生，故被虐者至甘心從賊。則其肆毒更可知也。《琅琊漫鈔》載松江錢尚書治第，多役鄉人，磚甓亦取給於役者。有老傭後至，錢責之。對曰：某擔自黃瀚墳，路遠故遲耳。錢益怒，答曰：黃家墳亦吾所築，其磚亦取自舊冢，勿怪也。此又勢家役民故事也。其後崑山顧秉謙附魏忠賢得入閣，忠賢敗，秉謙家居，昆民焚掠其家，秉謙竄漁舟以遁。《秉謙傳》。時秉謙已失勢，其受侮或不足為異。至於宜興周延儒方為相，陳於泰方為翰林，二家子弟暴邑中，宜興民至發延儒祖墓，又焚於泰於鼎墓。《祁彪佳傳》。王應熊方為相，其弟應熙橫於鄉，鄉人詣闕擊登聞鼓，列狀至四百八十餘條，贓一百七十餘萬。其肆毒積怨於民可知矣。溫體仁當國，唐世濟為都

御史，皆烏程人。其鄉人盜太湖者以兩家為奧主，兵備馮元颺捕得其魁，則世濟族子也。《元颺傳》。是縉紳之族且庇盜矣。又有投獻田產之例，有田產者，為奸民竊而獻諸勢要，則悉為勢家所有。天順中曾翬為山東布政使，民墾田無賦者，奸民指為閒田，獻諸戚畹，翬斷還民。見《李棠傳》。河南瀕黃河，淤地民就墾，奸民指為周王府屯場，獻王邀賞，王輒據而有之。原傑請罪獻者，並罪受者。《原傑傳》。《戒庵漫筆》：嘉定青浦間，有周星卿者素豪俠。一寡婦薄有資產，子方幼，其侄陰獻其產於勢家。勢家方坐樓船鼓吹至閱莊，星卿不平，糾強有力者突至索鬥，乃懼而去，訴於官。會新令韓某，頗以扶抑為己任，遂直其事。此亦可見當時獻產惡習。此一家因周星卿及韓令得直，其他小民被豪占而不得直者，正不知凡幾矣。

第五節　官民交通

部民乞留者，如周舟、胡夢通、郭伯高、李思進、高彬、劉郁、紀惟正之坐事當逮，而民詣闕言多善政。余彥誠、鄭敏等十人之坐事下獄，而耆民列政績以聞。見《循吏傳》。況鍾之丁憂，陳本深之滿秩，而民乞留，皆獲允許。後郭璡為吏部尚書，慮其中有妄者請核實，從之。自是遂為例。見各本傳。宣宗因劉迪、王聚之邀吏民保留，自後部民乞留者，率下所司核實。蓋久則弊生，部民不盡可信，而為劉迪王聚者正多也。且唐時已有驅迫人吏上言政績，請刊石紀德者。三代之直道不存，往往以一二媚官者私人之感情，而為乞留頌德之舉。重以貪官污吏，復從而賄囑之，私託之，遂使民不能見信於上，而民情不得上達。循良之績亦多壅於上聞，致可慨已！

第六節　奸豪胥役與詞訟

　　彰德府安陽縣軍校雜民而居，易犯法，逮之輒匿，頗稱難治。武安涉皆並山作邑，民性健武喜訟。「蘇州風俗傾險狡悍，往往上官欲察州里之豪，不能不假耳目。而奸人常為之窟，欲中害人者，陰行賄賂，置怨家其中，羅織罪狀，暗投陷阱。及對簿，上之人雖心知其冤，終不得釋。其人揚揚然謂執一縣生死之柄，上至長吏，猶或陰持短長，伺間肆螫，名曰訪行。市井惡少，恃勇力辯口。什伍為群，欲侵暴人者，輒陰賂之，令於怨家所在，陽相觸忤，因群毆之，則又誣列不根之辭，以其黨為證佐。非出金帛謝之，不得以解，名曰打行。告訐成風，一家有事，里中即成黨，連數十人為一黨。連數十事為一詞，非必真負冤抑，特為魚肉之以為利耳，名曰連名投呈。睚眥之憾，或先有借貸邂逅，一家之內有死者，輒以告官禁喪，不服則求檢驗，檢驗則無不破家矣。其所謂人命，無真假，只在原告不肯罷。」「江東之人與灶戶雜居，黠者欲侵愚弱，輒以灶籍訟之運司。運司懸隔數百里，一經勾攝，親友哭別，如赴市曹。既至，私幽之假處，進無對簿之期，退乏饔飧之資，動延歲月，多縲絏以死者。漕折以來，田價倍增，故民間訟事多起於贖田。既經明禁，又不得言田事，則擴為游詞，無一語及田，而良民不習置對，不能與辨，或有妻子扠淚而還契券者。若其人能自置於官，則誣告者往往抵罪，蓋亦有兩家具破者。」「浙江永康縣健訟之風尤甚，民間稍失意則訟，訟必求勝，不勝必翻。訟之所爭甚微，而枝蔓相牽，為訟者累十數事不止。每越訴會城，人持數詞，於巡院則曰豪強，於鹽院則曰興販，於戎院則曰理侵，於藩司則曰侵欺，於臬司則曰人命強盜，於水道通則曰淤塞，隨

所在編投之。惟覬准理，即設虛坐誣不恤，而被訟者且破家矣。又如民之陰騖而黠者，上不能通經學，下不能安田畝，以其聰明試於刃筆，捏輕為重，飾無為有，一被籠絡，牢不可出。凡健訟者為害，皆此輩屍之也。人有指斥其惡者，即以他詞中之。即有司且有拘制上下，莫之誰何者矣，是曰起滅。城中揭保戶與訟家為地鄰，每偏相佐佑，至為陳槖以亂是非。或伺而遮之，俾其情不得上達。稍與抗則結眾毆辱之，使負屈而去。故人家有事，必重賄揭保之桀黠者以為羽翼。蓋未至於庭，而所費固已不貲，貧弱每因此受重困，是曰扛幫。」九江之訟至無情者惟盜與殺。訟殺者必令其負屍而驗之，市人及邑門，郊人及郭門，驗弗逾日弗委任，驗傷與陳牒合，則理之。虛而不合，則存其詞而籍之，以證再訟。令之職也，其訟盜也。本竊而詞以劫者，未竊而詞以劫者，舍盜而指其仇者，與盜通而誣人以貨者，捕之與盜市者，捕之囓人者，告盜而與盜解而自息者，公舉盜而以為私者，保往盜而以為私者，不可枚舉。《郡國利病》。李維楨參政游朴《大政紀略》曰：沔陽州士大夫散處四境，視州城如寄，其始輿台伍伯之屬，至微細耳。交關曹椽為奸利，羽翼成而膽勢益壯，小民有訟，賄豪為居間。其有拳勇者任受刑，桀黠者任對簿，無不捷矣。所得賄賂日益富，則使其徒為州胥吏。已為郡胥吏，又以其賂通監司若兩台之為胥吏者。兩台耳目寄六十五郡司理，又以其賂通六十五郡司理，偵事有朋，隨地構會。陰操州長吏幕短長，所不便予下考，千里之外，其應如響。即士大夫惴惴懼不免，而不肖者欲有所甘心，或陰回之。於是視士大夫州長吏蔑如，即郡若監司、若兩台且玩弄股掌之上。長吏至且與為賓主禮，仰其鼻息，舞文犯科，不可窮詰。歲加州賦數千金以實其橐，若固有之。夫紀綱風俗之敝壞，莫甚於楚，楚

尤莫甚於我郡。自江陵敗，大臣往往為繫累，堂廉冠履，陵夷殆盡。士大夫垂首結舌，吏無所忌憚，城狐社鼠又從而為之釜鬵。情日壅塞，權日旁落，威日假借，而橫民出焉。其種有六：曰土豪，曰市猾，曰訟師，曰訪窩，曰主文，曰偷長。梗枝窟火，常相通為用。如荊門豪，兼六者而有之。其黨以千計，其眾以萬計。功繁拜請，妖詼洶沸，遠則楚之六十五郡，近則輦轂，力折權行，豈一朝一夕之故哉！

第七節　結社

社之名起於古之國社、里社，故古人以鄉為社。《大戴禮》：千乘之國，受命於天子，通其四鄉，教其書社。《管子》：方六里名之曰社。今河南太原青州鄉鎮猶以社為稱。是也。《左傳》昭二十五年，齊侯唁魯昭公曰：自莒疆以西，請置千社。注：二十五家為社，千社二萬五千家。哀公十五年，齊與衛地書社五百。《晏子》：景公與魯君地山陰數百社。《呂氏春秋》：越王請以書社三百封墨子。又古者春秋祭社，一鄉之人無不會聚。《三國志》：蔣濟為太尉，嘗與桓范會社下，是也。《漢書·五行志》：兗州刺史浩賞禁民私所自立社。臣瓚曰：舊制二十五家為社，而民或十家五家為田社，是私社。《隋書·禮儀志》：百姓二十五家為一社，其舊社及人稀者不限。然後人聚徒結會亦謂之社。萬曆之末，士人相會課文，各立名號，亦曰某社某社。崇禎中陸文升奏訏張溥等復社，至奉旨察勘，在事之官多被降罰。考《宋史·薛顏傳》，耀州豪姓李甲結數十人，號沒命社。《曾鞏傳》：章邱民聚黨村落間，號霸王社。《石公弼傳》：揚州群不逞為俠於閭里，號亡命社。而隋

末謙郡賊有黑社、白社之名。元泰定帝亦禁民結扁擔社。想明時士人必別有取義也。天啟以後，士子書剌往來，社字猶以為泛，必曰盟，曰社盟，其《遼史》之所謂剌血友乎！

第八節　風節

明自中葉以後，士大夫峻門戶而重意氣，其賢者敦厲名節，居官有所執爭，即清議翕然歸之。然建言者分曹為朋，率視閣臣為進退，依附取寵，則與之比。反是則爭，比者不容於清議。而爭則名高，於是一時端揆之地，遂為抨擊之叢。故當時不患其不言，患其言之冗漫無當，與其心之不能無私，言愈多而國是愈淆也。但其中公是非自在，亦不可盡委之沽直好事耳。至若海瑞、邱橓、呂坤、郭正域、盧洪春、馬經綸、趙南星、鄒元標、孫慎行、高攀龍、馮從吾、楊漣、左光斗、魏大中、周朝瑞、袁化中、顧大章、王之寀等，守正不阿，直言不諱，其風節之愈峻者，其受禍愈烈，與東漢季年若出一轍。明社之屋基於此矣。

第九節　朋黨

成弘以上，學術純而士習正，其時講學未盛也。正嘉之際，王守仁聚徒於軍旅之中，徐階講學於端揆之日，流風所被，傾動朝野。於是搢紳之士，遺佚之老，聯講會，立書院，相望於遠近。而名高速謗，氣盛招尤，物議橫生，黨禍繼作。乃至眾射之的咸指東林。甘陵之部，洛蜀之爭，不烈於是矣。顧憲成、顧允成、錢一本、于孔兼、史孟麟、薛敷教、安希范、劉元珍、葉茂才諸人，清節姱修，為士林

標準。雖未嘗激揚標榜，列君、宗、顧、俊之目。而負物望者引以為重，獵時譽者資以梯名。附麗游揚，亦不免薰蕕猥雜焉。魏允中、王國、余懋衡皆以卓犖宏偉之概，為眾望所歸。李三才英邁豪俊，傾動士大夫，皆負重名。當時黨論之盛，數人者實為之魁。而李植、江東之、湯兆京、金士衡、王元翰、孫振基、丁元薦、李朴、夏嘉遇等尤風節自許，矯首抗衡，意氣橫厲，抵排群枉。大要君子小人日相水火，而搢紳之禍，遂烈於前古矣。

《明史·閹黨列傳》總序曰：明代閹宦之禍酷矣，然非諸黨人附麗之，羽翼之，張其勢而助之攻，虐焰不若是之烈也。中葉以前，士大夫知重名節，雖以王振、汪直之橫，黨與未盛。至劉瑾竊權，焦芳以閣臣首與之比，於是列卿爭先獻媚，而司禮之權居內閣上。迨神宗末年，訛言朋興，群相敵仇，門戶之爭，固結而不可解。凶豎乘其沸潰，盜弄太阿，黜桀渠憸，竄身婦寺，淫刑痡毒，快其惡直丑正之私。衣冠填於狴犴，善類殫於刀鋸，迄乎惡貫滿盈，亟伸憲典，刑書所麗，跡穢簡編。而遺孽餘燼，終以覆國。莊烈帝之定逆案也，以其事付太學士韓爌等曰：忠賢不過一人耳，外廷諸臣附之，遂至於此。其罪何可勝誅。痛乎哉！患得患失之鄙夫，其流毒誠無所窮極也。然則搢紳之受禍，又未嘗不因一二士大夫之自隳氣節，始而假借小人，繼而為小人所用，終而比附小人，以致正氣掃地，大喪國家之元神也。

第十節　忠義

　　從古忠臣義士為國捐生，節炳一時，名垂百世。歷代以來，備極表章尚已。明太祖創業江左，首褒余闕、福壽以作忠義之氣。至從龍將士，或功未就而身亡，若豫章康郎山兩廟及雞籠山功臣廟。所祀諸人爵贈公侯，血食俎豆，侑享太廟，恤錄子孫。所以褒厲精忠，激揚義烈，意至遠也。建文之變，群臣不憚膏鼎鑊，赤姻族，以抗成祖之威凌。雖表忠一錄，出自傳疑，亦足以知人心天性之不泯矣。仁宣以降，重熙累洽，垂二百餘載。中間如交阯土木之變，宸濠之叛，以暨神熹兩朝邊陲多故，湛身殉難者未易更僕數。而司勳褒恤之典，悉從優厚，或所司失奏，後人得自陳請。故節烈之績，咸得顯暴於時。迨莊烈之朝，運丁陽九，時則內外諸臣或殞首封疆，或致命闕下，蹈死如歸者尤眾。《明史·忠義傳》序。

第十一節　衣服

　　顧氏炎武《日知錄》：《漢書·五行志》曰：風俗狂慢，變節易度，則為剽輕奇怪之服，故有服妖。余所見五六十年，服飾之改變，亦已多矣。故錄其所聞，以示後人焉。《豫章漫鈔》曰：今人所戴小帽，以六瓣合縫。下綴以簷，如箬。閻憲副閎謂予言：亦太祖所製，若曰，六合一統云爾。楊維楨廉夫以方巾見，太祖問其製。對曰：四方平定巾。上喜，令士人皆得戴之。商文毅用自編氓，亦以此巾見。《太康縣志》曰：國初時衣衫褶，前七後八。宏治間上長下短，褶多。正德初，上短，下長三分之一。士夫多中停冠，則平頂高尺餘，士夫不減八九寸。嘉靖初服上長下短，似宏治時。市井少年帽尖長，

俗云邊鼓帽。宏治間婦女衣衫僅掩裙腰，富者用羅緞紗絹織金彩通袖，裙用金彩膝襴，髻高寸餘。正德間衣衫漸大，裙褶漸多，衫惟用金彩補子，髻漸高。嘉靖初衣衫大，至膝，裙短褶少。髻高如官帽，皆鐵絲胎，高六七寸，口周回尺二三寸餘。《內邱縣志》曰：萬曆初童子髮長，猶總角。年二十餘始戴網，天啟間則十五六便戴網。不使有總角之儀矣。萬曆初庶民穿膆靸，儒生穿雙臉鞋。非鄉先生首戴忠靖冠者。不得穿邊云頭履。原注：俗云朝鞋。至今日而門快輿皂，無非云履。醫卜星相，莫不方巾。又有晉巾、唐巾、樂天巾、東坡巾者。先年婦人非受封不敢戴梁冠，披紅袍，繫拖帶，今富者皆服之。又或著百花袍，不知創自何人。萬曆間遼東興冶服，五彩絢爛，不三十年而遭屠戮。茲花袍幾二十年矣。服之不衷，身之災也。兵荒之咎，其能免歟。

《太祖實錄》：洪武二十六年，禁官民步卒人等服對襟衣，惟騎馬許服，以便於乘馬故也。其不應服而服者罪之。明末之罩甲，即對襟衣也。《戒庵漫筆》云：罩甲之制，比甲稍長，比襖減短，正德間創自武宗，明末士大夫有服者。按《說文》：無袂衣謂之䘱。趙宦光曰：半臂衣也，武士謂之蔽甲，方俗謂之披襖，小者曰背子，即此制也。《魏志・楊阜傳》：阜嘗見明帝著帽披縹綾半袖，問帝曰：此於禮何法服也。則當時已有此制。

第十二節　喪葬

蘇州喪葬之家置酒留客，若有嘉賓。喪車之前，采亭繡帳，炫耀道途，聊誇市童。不顧雅道。河南磁州之武安涉兩邑，人死則舉屍瘞

室中，篤修佛事。臨淄自古為都會，承富庶之風，陵冢隆阜，葬埋皆奢，然卒致後來發掘之禍。如晉曹嶷為青州刺史，發齊桓公及管仲墓，屍並不朽，繒帛萬匹，珍寶巨萬。內有二尊，形如牛象，皆古之遺器是也。諺傳臨淄多古物，蓋本於此。大概銅器僅有存者。火葬之俗，自宋時已盛行於江南，至明而移於浙江。顧氏亭林痛詆其俗，黃汝成氏亦謂非仁人孝子之存心。

奪情之典不始於李賢，然自羅倫疏傳誦天下，而朝臣不敢以起復為故事。見《明史》羅倫等傳贊。顧亭林云：三代聖王教化之事，其僅存於今日者，惟服制而已。喪亂以來，浸以廢墜。竊謂父母之喪，自非兵革不得起復，然則明之起復，多有不以兵革者矣。起復者，喪制未終，勉其任用，所謂奪情起復者也。如歐陽公《晏殊神道碑》：明年遷著作佐郎，丁父憂去官。已而真宗思之，即其家起復為淮南發運使。及史嵩之喪父，經營起復，是也。今人不考，例以服闋為起復，誤矣。

第十三節　淫祀與巫覡

《天下郡國利病書》曰：山西忻州郡境，村落約三百許，皆有梵寺數楹，最小者亦斗室供奉香火。貧民為僧，傭作者挈妻傍居。流倡儌居僧舍，與僧諧狎，藉資衣食焉。河南磁州之武安涉兩邑皆尚鬼，賽禱淫祀，有病惟事祈禳。湘楚之俗尚鬼，自古為然。少皞之衰，九黎亂德，民神雜糅。湘楚為三苗舊日根據之地，其尚鬼固自無怪。然其淫祀日多，有最可笑者，衡州人賽盤古，病及仇怨，重皆禱祀，今誤作盤鼓。賽之日，巫者以木為鼓，圓徑鬥一握，中小而兩頭大，如

今之杖鼓。四尺者謂之長鼓，二尺者謂之短鼓。巫有緶帛，長二三丈，畫自盤古而下三皇及諸神，靡所不有。是日以帛三皇五帝，盡懸之長竿，鳴鑼擊鼓吹角，巫一人以長鼓繞身而舞，兩人復以短鼓相向而舞。昔所許若干會，為所舞之節，隨口而唱，無復本據。仇怨重者，夜至野池滅燈燭，謂之盤黑鼓。每鼓罷一會，則恣口飲食，極其村野。鄉俗合二三十家，共祀一大王神。其神或以其山，或以其陂澤，或以其地所產之物而得名，輒加以聖賢帝王公相之號。如愚家溪田所祀云：平生相公大王祠下。城外敝居所祀云：南平水東三聖公王祠下。其他如高山榻甫大王祠。詢之云：其山多產椒土朱，大王祠其地產紅土。其他不能枚舉。愚憶惟天撫世曰王，主宰天下曰帝，大而化之曰聖，復而執焉曰賢，首五爵以無私為德曰公，長六卿輔其君曰相。今乃妄亂稱呼，甚至加之土地所產之物，其為訛妄不經，莫此為甚。又其俗事女神，每家畫一軸神，分班而坐，多不可數。中標題云：家居侍奉李家天子三樓聖賢神仙。兩旁題云：三千美女，八百妓娥。歲晚用巫者鳴鑼擊鼓，男作女妝，始則兩人執手而舞，終則數人牽手而舞，從中翻身輪作觔斗。或以一人仰臥，眾人觔斗從腹而過，亦隨口唱歌。黎明時起，竟日通宵而散。夫女子本以柔弱之質，死而為神。如節婦烈女，庸或有之，他不盡然也。今云李家天子三樓聖賢，何所據哉！可一笑也。又如師巫盜竊廟中神像首，以為魘魅，收陰兵以作下壇，書符篆以為廟中青简，鄙俗怪誕，不可盡書。又青山侍郎行祠，其所祀無所考。或云為南嶽六部之一，故云侍郎行祠。愚意侍郎之名起於近古，周之《六典》建官，《周禮》有六部之名。岳山與天地相為終始，明朝正其號，曰衡山之神。又焉有部，則自《六典》未建有部侍郎之名，未起時又以何官為屬，此皆訛謬不通。且以

為土神而誤襲侍郎之號，則衡陽境內原無青山之高大，可以表識也。嘉靖辛卯，例毀淫祠，地方妄為援引，以惑當國有司，此祠遂倖免云。山西《平定州志》云：祠廟自祀典神祇外，古帝王如太皞、女媧非民間所得祀，東嶽非本境所宜祀。關真君祠不時增建，多至二三十處。與其餘不在祀典者，皆瀆祀也。如妒女祠、黑水祠、崔府君祠、妖妄不經，皆淫祠也。春秋祈報，以社以方，載於《風》《雅》。太祖高皇帝許民間每里一壇，令祭五祀五穀之神，以里長主祭。祭畢飲酒，其中為鄉飲式，載在會典，今民間俱不行，而但取小大王龍王等神賽禱。雜奏妓樂，士女縱觀，甚為不雅。司風教者，宜考古正今，尊制厚俗，庶使民不惑於匪類，駸駸然興於禮教云。《孟縣志》曰：若地之人，不問賢愚，祠堂之禮，廢而不講，特惑於禍福感應，輒自立寺，飾偶標木。噫！是謂不知類者也。《松江府志》曰：松俗頗尚淫祀，信師巫。城市鄉鎮，迎神祈賽，盛飾彩亭儀仗，沿門抑派，因而射利。男女駢集，遠近若狂，舟車飲食，又糜費亡算，至有為神娶婦之事，春月演戲酬神之事。崇禎時，郡守岳貢正首事者以法，並禁演戲，此風始息焉。《上杭縣志》曰：汀俗夙稱尚鬼，而杭邑巫覡裝魔設醮，建壇郊外，金鼓達旦，名為做大翻。如是者三日夜，男女喧闐，群趨壇所，婦之不孕者惑其說，解衵服付巫者，名為斬煞，以煞去而身可孕也。知縣蔣廷銓就壇所擒其為首者數人，痛懲之，其風始息。嗚呼！今之淫祀巫覡遍於天下，然禁之者幾人哉！

第十四節　奴婢

明時士大夫之僕，率以色而升，以妻而寵。若嚴分宜之僕永年，

號曰鶴坡。張江陵之僕游守禮，號曰楚濱。不但招權納賄，而朝中多贈之詩文，儼然與搢紳為賓主，名號之輕，文章之辱，至斯而甚。厥後媚閹建祠，即此為之嚆矢焉。顧亭林曰：人奴之多，吳中為甚。仕宦之家，有至一二千人者。其專恣橫暴，亦惟吳中為甚。有王者起，當悉免為良民，而徙之以實遠方空虛之地。士大夫家所用僕役，並令出貲雇募，如江北之例，則橫豪一清，而四鄉之民得以安枕。其為士大夫者，亦不受制於人。可以勉而為善，訟簡風純，其必自此始矣。

第十五節　賭博

萬曆之末，太平無事，士大夫無所用心，間有相從賭博者，至天啟中始行馬吊之戲。而明末之朝士，若江南山東，幾於無人不為。誠有如韋昭論所云：窮日盡明，繼以脂燭，人事曠而不修，賓旅闕而不接者。籲！可異也。《金史‧刑志》大定八年制：品官犯賭博法杖。曰杖者，所以罰小人也。既為職官，而無廉恥，故以小人之罰罰之。《明律》犯賭博者，皆文官革職為民；武官革職，隨舍余食糧差操，亦此意也。但百人之中未有一人坐罰者，上下相容，而法不行故也。《唐書》：楊國忠以善樗蒲得入供奉，常後出，專主蒱薄計算鉤畫，分銖不誤。帝悅曰：度支郎才也。卒用之而敗。元宗末年荒佚，遂以小人而乘君子之器，此亦國家之妖孽也。唐宋璟為殿中侍御史，同列有博於台中者，將責名品而黜之。博者惶恐自匿，後為開元賢相。而史言唐文宗切於求理，每至刺史面辭，必殷勤戒敕曰：無嗜博，無飲酒。內外聞之，無不悚息。然則勤吏事而糾風愆，乃救時之首務矣。明之士大夫不慕宋璟而學楊國忠，其官方之壞極矣。《山堂考索》：

宋大中祥符五年二月丁酉，上封者言：進士蕭玄之本名琉，嘗因賭博抵杖刑，今易名赴舉登第。詔有司召玄之詰問，引伏，奪其敕，贖銅四十斤，遣之。宋制之嚴如此。明之進士竟有以不工賭博為恥者。《遼史》：穆宗應歷十九年正月甲午，與群臣為葉格戲。解曰：宋錢僖公家有葉子揭格之戲，而其年二月乙己，即為小哥等所弒。君臣為譴，其禍乃不旋踵，此不祥之物，而士大夫終日執之，其能免於儌尤之咎乎！《宋史·太宗紀》淳化二年閏月己丑詔：犯蒱博者斬。《元史·世祖紀》：至元十二年，禁民間賭博，犯者流之北地。刑亂國用重典，固當如此。按《宋書·王景文傳》：為右衛將軍，坐與奉朝請毛法因蒱戲，得錢百二十萬，白衣領職。《劉康祖傳》：為員外郎十年，再坐樗蒱戲免。《南史·王盾傳》：為司徒左長史，坐招聚博徒免官。晉陶侃勤於吏職，終日斂膝危坐，閫外多事，千緒萬端，罔有遺漏。諸參佐或以談戲廢事者，命取其酒器蒱博之具，悉投於江。將吏則加鞭撲，卒成中興之業，為晉名臣。夫以六朝尚清談詼諧之時代，賭博之事，幾為社會上人人必須之知識技能，而猶或引為官箴之玷。近今士大夫朝夕不離麻雀，公事廢弛，不但無人議其非，而且以此為應酬官僚，交結權勢，弋取虛譽，營謀差使之專門學問焉，亦可恥也。

第十六節　拳搏

　　拳搏之字見於《詩》與《春秋》，《詩》：無拳無勇。《春秋》僖二十八年傳，晉侯夢與楚子搏。而其術濫觴於蚩尤之以角牴人。秦漢之時乃有角牴之戲。應劭《漢書·武帝本紀》注：角者，角技也。牴者，相

牴觸也。文穎曰：兩兩相當，角力角技藝射御也。而漢魏時人謂手搏亦曰弁，或謂之卞，或謂之抃。《漢書·哀帝紀》贊：時覽卞射武戲注：蘇林曰：手搏為卞，角力為武，戲也。左思《吳都賦》抃射壺博注：孟康曰：抃手搏。《漢書·甘延壽傳》：試弁為期門，以材力愛幸。注孟康曰：弁，手搏也。唐時猶謂之角牴。振武軍節度王卞，常於晏後命角牴，有一人自鄰州來較力。見《玉堂閒話》。宋以來始謂之拳術。蓋拳術之流行，自宋以來始盛。宋太祖、少林僧張三峰，皆以拳術著名者也。明洪武初，歐千斤以善搏授太倉衛百戶。《太倉州志》。後邊澄、張松溪亦以拳術顯。《寧波府志》曰：邊澄聞少林寺僧以搏名天下，託身居炊下者三年，遂妙悟搏法。正德武宗。間倭人來貢，有善槍者，聞澄名求一角，太守張津許之，召至遂勝，倒十餘輩。澄又曾應募至京宇演武場，以梃勝北兵雙刀。張松溪善搏，師法十三老法，其法自言起於宋之張三峰。三峰為武當丹士，徽宗召之，道梗不前。夜夢元帝授之拳法，厥明以單丁殺賊百餘，遂以絕技名於世。由三峰而後，至嘉靖世宗。時，其法遂傳於四明，而松溪為最著，曾一勝少林僧。夫松溪之術，至可以勝少林僧，其精妙可想而知。故《寧波府志》又謂「拳術有內家外家之分，外家則少林為勝，其法主於搏人，而跳踉奮躍，或失之疏，故往往得為人所乘。內家則松溪之拳為正，其法主於禦敵，非遇困厄不發，發則所當必靡，無隙可乘。故內家之術為尤善，其搏人必以其穴，有暈穴，有啞穴，有死穴。其敵人，相其穴而輕重擊之，或死、或暈、或啞，無毫髮爽者。其尤秘者則有敬、緊、徑、勤、切五字訣，非入室弟子不以相授。蓋此五字，不以為用而所以神其用，猶兵家之仁、信、智、勇、嚴云」。然拳術是尚武精神之一端，而為武備上不可少之事。戚氏《紀效新書》論之詳矣。其言曰：「拳法似無

預於大戰之技，然活動手足。慣勤身體，此為初學入藝之門也，故存之以備一家。學拳要身法便利，手法活便，腳法輕固，進退得宜。腿可飛騰，而其妙也顛番倒插，而其猛也披擘橫拳，而其快也活捉朝天，而其柔也知當斜閃。故擇其拳之善者三十二，勢勢相承，遇敵制勝，變化無窮，微妙莫測，窈焉冥焉。人不得而窺者謂之神，俗云拳打，不知是迅雷不及掩耳。所謂不招不架，只是一下，犯了招架，就有十下。博學廣記，多算而勝。古今拳家，宋太祖有三十二勢長拳，又有六步拳、猴拳、囮拳名勢，各有所稱，而實大同小異。至今之溫家七十二行拳、三十六合鎖、二十四棄探馬、八閃番十二短，此亦善之善者也。呂紅八下雖剛，未及錦張短打。山東李半天之腿鷹爪，王之拿千跌，張之跌，張伯敬之打，少林寺之棍，與青田棍法相兼。楊氏槍法與巴子拳棍，皆今之有名者。雖各有所長，各傳有上而無下，有下而無上，就可取勝於人，此不過偏於一隅。若以各家拳法兼而習之，正如常山蛇陣法，擊首則尾應，擊尾則首應，擊其身而首尾相應，此謂上下周全，無有不勝。大抵拳棍刀槍鈀鈀劍戟弓矢鉤鐮挨牌之類，莫不先由拳法，活動身手。」觀戚氏此言，知拳搏之關係於武備者甚大也。

昌明文庫·悅讀國學 A0602009

中國風俗史

作　　　者	張亮采
版權策畫	李　鋒
責任編輯	楊家瑜

發 行 人	陳滿銘
總 經 理	梁錦興
總 編 輯	陳滿銘
副總編輯	張晏瑞
編 輯 所	萬卷樓圖書股份有限公司
排　　版	菩薩蠻數位科技公司
印　　刷	維中科技有限公司
封面設計	菩薩蠻數位科技公司

出　　版　昌明文化有限公司
桃園市龜山區中原街 32 號
電話 (02)23216565
發　　行　萬卷樓圖書股份有限公司
臺北市羅斯福路二段 41 號 6 樓之 3
電話 (02)23216565
傳真 (02)23218698
電郵 SERVICE@WANJUAN.COM.TW
大陸經銷　廈門外圖臺灣書店有限公司
　　電郵 JKB188@188.COM

ISBN 978-986-496-204-4

2018 年 1 月初版

定價：新臺幣 300 元

如何購買本書：

1. 轉帳購書，請透過以下帳戶
   合作金庫銀行 古亭分行
   戶名：萬卷樓圖書股份有限公司
   帳號：0877717092596

2. 網路購書，請透過萬卷樓網站
   網址 WWW.WANJUAN.COM.TW

大量購書，請直接聯繫我們，將有專人為您
服務。客服：(02)23216565 分機 610

如有缺頁、破損或裝訂錯誤，請寄回更換

版權所有·翻印必究
Copyright©2016 by WanJuanLou Books CO.,
Ltd.All Right Reserved　　Printed in Taiwan

國家圖書館出版品預行編目資料

中國風俗史 / 張亮采著. -- 初版. -- 桃園市：
昌明文化出版；臺北市：萬卷樓發行，
2018.01
　　面；　　公分. -- (昌明文庫. 悅讀國學)
ISBN 978-986-496-204-4(平裝)
1.風俗 2.中國
538.82　　　　　　　　　　　　　107001910

本著作物經廈門墨客知識產權代理有限公司代理，由江西教育出版社授權萬卷樓圖書
股份有限公司出版、發行中文繁體字版版權。